JN287435

粥

北京のやさしいおかゆ

ウー・ウェン

高橋書店

北京の やさしいおかゆ 目次

秋のおかゆは おいしさ優先

冬のおかゆは 体をあたためる

民間食療の おかゆ

おかゆの つけ合わせ おかず

北京のおかゆのおすすめ

おかゆは北京の主食のひとつです。

北京の主食は「大米《ターミー》、白面《バイミアン》、小米《シャオミー》」（白米と白い小麦粉とあわ）といわれ、三日と同じ主食を続ける家はないといってもよいでしょう。米とあわはご飯かおかゆ、白い小麦粉はうどんや餃子、蒸しパンなどと多彩です。

北京のおかゆは主食ですから塩味をつけません。そのかわりいろいろおかずをとり合わせます。塩味はおかずからとりますから、日本のご飯と同じこと、塩味はないほうがいいのです。

日本の年配の方のお食事で、おつゆをつけたいが、その分塩分が増える、とご心配のこともおありかと思います。北京のおかゆは、日本の全がゆより、というより五分がゆよりも薄いものも多く、主食であると同時におつゆやスープのように料理をつなぎ、口を新しくし、水分を補給する役も果たします。

おかゆは穀物のとろみと香り、味わいをとてもたいせつにします。塩を入れると、米のおかゆなら、米が締まり、とろみが薄まります。

おかゆはまた、米とは限りません。およそ穀物と名のつくすべてがおかゆになります。水と火の力でゆっくりとおかゆを炊くと、その穀物のほんとうの持ち味を味わうことができて、なにかゆったりした心持ちになるような気がします。

この本ではまず、いろいろな穀物をおかゆにして味わっていただきたいと願っています。

穀物と同時に、ゆっくり炊く時間で、豆の味わいも聞いていただきたくて、いろいろな豆を入れたおかゆを作りました。日本の方も豆類はお好きですが、甘く煮ることが多いでしょう。おかゆといっしょにやわらかく炊いた豆は、ほのかに甘く、おかゆととけあってすんなりとのどを通ります。

　中国は薬食同源の国といいます。中国医学では、薬で治療もしますが、食療も重視します。同時に民間の食療もとても盛んです。民間の食療は、なるべくたくさんの種類の食べ物をおいしく食べて、食べたものは体を回って、きちんと出す、というところに基本がありそうです。悪いものや古いものをため込まなければ病気になりにくいと考えています。

　主食としてのおかゆは、体をあたためて、相当量の水分を無理なく補うという、それだけでも食物の循環、新陳代謝によい影響を与えます。体重の調整にも役立ちます。

　春は冬ごもりを抜け出して、特に新陳代謝を盛んにするとき、おかゆを始める好機です。夏もおかゆ？と思われるでしょうか。夏は冷房や冷たい飲み物や食事で体が思いのほか冷えてしまって、食欲が減退します。おかゆは体をしんからあたためて、人工的な冷えすぎから体調を守ります。

　秋は冬に備えて、栄養をとるときですが、おかゆは美味を追求しながら食べすぎを防ぎます。冬のおかゆが心までもあたためてくれるのはどなたも想像がおつきでしょう。そして運動不足などから、新陳代謝がとどこおりがちなのを防止します。

　おかゆは体によいもの、薬になるものを楽々ととり入れるのにも役立ちます。積極的な健康食として、食療のおかゆをお試しください。

　日常の食の楽しみの広がりと、健康生活に北京式のおかゆを役立てていただければ幸いです。

ウー・ウェン（呉雯）

北京市生まれ。北京師範大学卒。北京で就職した後、一九九〇年留学のため来日。旧知の日本のデザイナーと東京で再会、家庭を持つ。招かれてご馳走になった双方の友人たちが料理の腕と新鮮な感覚にびっくり。懇請されて料理の仕事をするようになった。一男一女の母となり、子育ても仕事もと意欲的。「今の北京の家庭の味を届けたい」というのが念願である。自宅でクッキングサロンを主宰するほか、雑誌、テレビでも活躍中。著書に『ウーさんのおうち中華』主婦の友社、『北京の小麦粉料理』『単純がうれしい北京のおかず』グラフ社など。日本テレビ『3分クッキング』隔週土曜講師（'99～'00）。

おかゆにする穀物

●米　●もち米

うるち（粳）はご飯に炊く米。日本や北京で食べる短粒種の米は、細長い南方の長粒種より粘りがあっておかゆ向きです。この本で「米」とはうるち精白米です。

もち米（糯）は粘りの強いデンプンでできている米で、米粒は白く不透明です。粘りとつやのあるおかゆができます。

●玄米

収穫した米を脱穀（籾《もみ》を除く）しただけで、種皮が残っているために、ご飯に炊いてもかたいのですが、おかゆは水が多いので、やわらかく煮えて食べやすくなります。食物繊維やビタミンB群、ミネラルが豊富です。

●赤米《あかごめ》

中国名は紅米、別名は血糯で、もち米の一種です。紫米よりはあっさりしています。中国でも生産量が少ないので、特別のごちそうや、食療の栄養品として用います。

●紫　米《むらさきごめ》

日本では黒米《くろごめ》ともいいます。もち米の一種で、紫色の種皮をつけたままなので、炊くには時間がかかります。粘りが強く、種皮があるために独特のはじけるような歯ざわりが残ります。中国では長寿の祝いのごちそうによく使われます。

●押し麦

大麦を精白して、蒸気で加熱しながら圧扁して乾燥したもの。大麦は押し麦にすると水分の吸収がよくなり、消化しやすくなります。弾力があるが粘りがありません。

●オートミール

燕麦《えんばく》（別名からす麦、英名オーツ）を精白して、蒸気で加熱しな

がら圧扁加工して、乾燥したもの。煮ると数分で火が通り、簡便で朝食向き。食物繊維が豊富です。

●あわ ●きび ●ひえ

どれも小粒ですが、有史前から栽培され、五穀に数えられており、栄養的にもすぐれたものです。ところが大粒の米、麦、とうもろこしに押されて二十世紀後半は、生産も消費も減少していました。最近になって、健康上の価値が見直されてきました。古来の伝統品種で低農薬、低肥料栽培であることも長所となり、米麦アレルギーの人の代替穀物としても注目されています。それぞれ「うるち」と「もち」がありますが、日本で流通しているものはほとんど美味なもち種です。「もち○○」と表示のあるものを選べばなお安心です。使用のときは、小粒だけに、ぬか、ほこり、砂などが混入していますので、水をかえてていねいに洗ってください。単品で炊くときは、一度ゆでこぼすとアクが抜けます。

あわ（小米《シャオミー》）は香りがよく、中医（漢方）では益胃、除熱、解毒の作用が認められています。

きびは白、黄、赤のものがありますが、味がよく、益気補中（健康によい）とされています。

ひえは先の二者にくらべ、味や口当たりは落ちますが、益気補中の効は認められています。

●はとむぎ

薏苡という植物の種子で、薏苡仁または薏仁と呼ばれ、食事のためというより薬用として摂取します。かゆにすることは昔からの方法です。民間では肌によいと言われますが、それにとどまらず、いろいろな薬効があります。

●コーン（左半割り、右あらびき粉）

とうもろこし。中国名は玉米《ユイミー》。

乾燥したコーンは、粒のままでは火が通りにくいので、おかゆには、粒感を残した半割り、ふっくらした量感のあるあらびき粉を使用します（細かすぎても糊状になってしまいます）。甘い香りととろみがあるおかゆです。

●そばごめ（むきそば）

これまでの穀物はいずれもイネ科の植物の実ですが、そばはタデ科の植物です。そばの実を精白すると三角の白い実が得られます。かゆに炊いても、そばの風味があります。

おかゆを上手に炊くために

▼手前からシチュー鍋、ゆきひら、蓋の重い鋳物のほうろう鍋

鍋について

●金属製の鍋

おかゆは弱めの火かげんでゆっくり炊くと、おいしく炊けます。そのためには温度が急激に変化しにくい、厚手の鍋が適します。毎日使う鍋と兼用する場合は、ほうろう製のものや厚手のステンレス鍋が使いやすいでしょう。

大きさの目安は容量で3.5ℓ程度あれば、本書の基本の分量のおかゆが炊けます。形は、浅いものよりはシチュー鍋のような深みのあるほうが煮詰まりにくく、炊きやすいのです。

鍋を新しくお求めになるときに気をつけていただきたいのは、沸騰したおかゆがふきこぼれにくい構造になっていること。蓋がある程度重く、また鍋の内側に入るなどしてふきこぼれが外にもれにくくなっているものを選ぶとよいでしょう。

●土鍋

北京っ子たちは、おかゆを炊くのに砂鍋と呼ぶ土鍋をよく使います。砂鍋はとても壊れやすい鍋ですが、火の当たりがやわらかく、深さもあって、おかゆや煮込み物を炊くのに適しています。

日本の土鍋では、ゆきひらと呼ばれるおかゆ用の土鍋が使いやすく作られています。おかゆを日常の主食のひとつにしている北京にも、こんなおかゆ鍋はありません。ゆきひら鍋はもっと活用されてもいいように思います。

北京では新しい砂鍋をおろすとき、まず米のおかゆを炊きます。おかゆが砂鍋の気泡や微妙なひびにしみ込み、丈夫で使いやすくなるからです。日本の土鍋は北京のものほどもろくはありませんが、効果はあると思うのでお試しください。

土鍋は急激な温度の変化に弱く、熱い鍋をぬれたふきんや流しに置くと、簡単にひび割れることがあるので気をつけます。

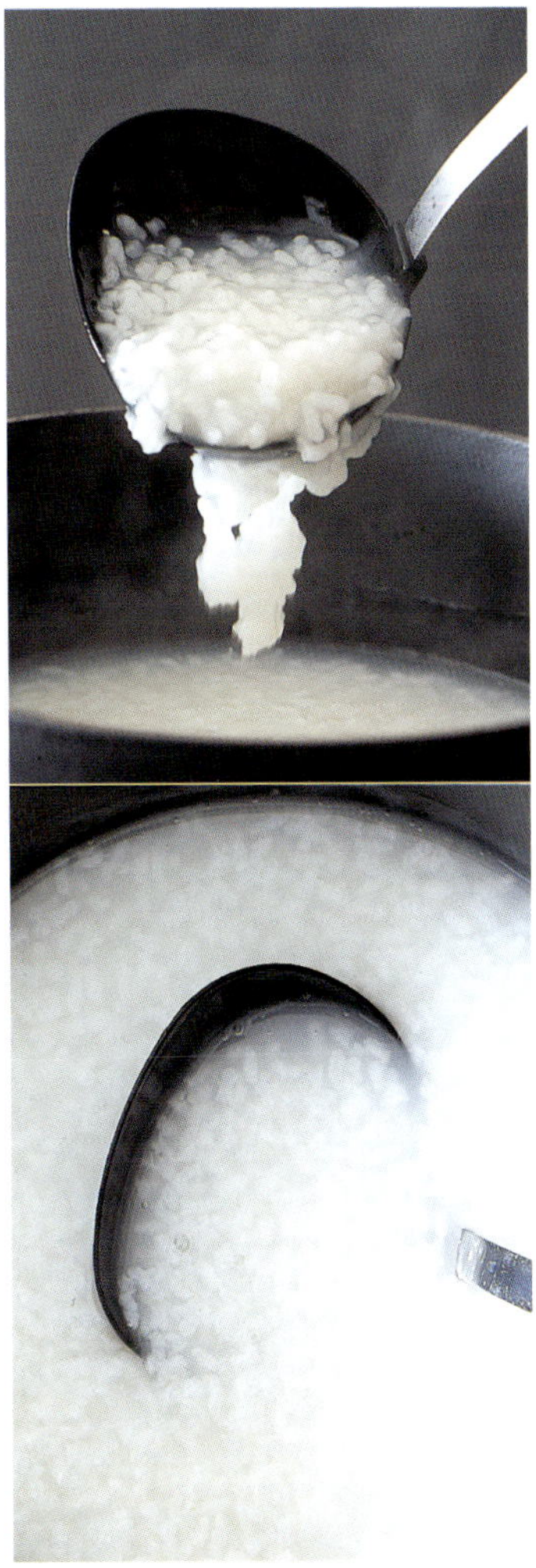

▲米1対水6のおかゆ

▲米1対水8のおかゆ

▲米1対水10のおかゆ

●自動炊飯器

最近のマイコン制御の自動炊飯器には、おかゆがプログラムされているものが、たくさんあります。

炊飯器で炊いたおかゆは、とろみの点で、直火で炊いたおかゆには一歩譲る気がします。しかしふきこぼれや焦げつき、煮詰まりなどの失敗がないぶん、簡単とも言えます。材料は、米、もち米、あわ、きびなどの比較的早く炊けるものしか適しませんが、タイマーをセットしておけば、あつあつのおかゆがいつでも食べられるのは助かります。また、15ページの蒸らし炊きのおかゆのような応用の仕方もできます。

とりあえず日々の健康的な食生活のためにおかゆを、という方には炊飯器はおすすめの道具といえます。

水の量について

中国語で、食べるは吃《チー》、飲むは喝《ホアー》といいます。ご飯を食べるのは吃飯《チーファン》、水を飲むのは喝水《ホアーシウイ》です。ここで知っていただきたいのは、おかゆの場合は喝粥《ホアージオウ》で、吃粥《チージオウ》とはいいません。

▲米1対水15のおかゆ

つまりおかゆは水と同じように飲むもので、食べるものではないと考えられていることです。ご飯のやわらかいのがおかゆ、ということではありません。

ご飯はふつう洗い米1に対して水1で炊きます。北京式のおかゆでは、この水の量をだいたい6から15ぐらいで炊きます。おかゆを炊くとき、ご飯が念頭にあるとどうしてもかためになってしまいます。かたいおかゆはやわらかすぎるご飯と同じで、おいしくありません。

おいしいおかゆを炊くには、おかゆ独自の水かげんを選ぶことがたいせつです。

●米1対水6のおかゆ

本書ではいちばんかための部類に入るおかゆです。北京では主に夕食に食べます。このかたさのおかゆは炊き上がりのタイミングがとても重要で、煮すぎたり時間がたつとぐちゃっとなり、穀物の香りも失せてしまいます。食事時間が規則的なご家庭向きといえます。

●米1対水8から10のおかゆ

北京で最も標準的なおかゆです。このかたさですと炊き方もやさしく、炊飯器も利用できるので、朝食にも夕食にも向きます。煮る時間の長さで、さらっとした感じからとろみの生きた粘りのあるものまで、好みのかげんで食べられます。

米のご飯に比べてあまりに水っぽく、腹もちが悪いと思われるかもしれませんが、だからこそ次の食事どきにはすっきりお腹がすき、ご飯がおいしく食べられ、活力がわくのです。外出しなかった休日の食事などには、ピッタリではないでしょうか。

●米1対水15のおかゆ

豆類や乾物といっしょに炊くとスープにもなる、いわばスープがゆともいえるおかゆです。おもてなし献立の最後に出したり、麺や餅などの小麦粉料理といっしょに食べるのに適しています。

北京では炊飯器にスープがゆをセットしておき、おかずや饅頭を買って帰って夕食にする共働きの家庭も多くみられます。野菜や肉類はテイクアウトですますとしても、主食の穀類だけはわが家のスタイルで、という気持ちが強いからです。

冷房で体の冷える夏場や、空気の乾燥する冬の食事に、ぜひとり入れていただきたいおかゆです。

●おかゆの量について

この本では、米の量と水の量の関係をわかりやすくするために、米1カップを基準にしてあります。ご家族の人数や、鍋の大きさにより、同じ割合でかげんしてください。

「食療のおかゆ」のページでは、米の量は少なくしましたが、かげんするときは同じ割合でお作りいただくとよいと思います。

火かげんと炊き方

私の母はおかゆを炊くとき、はじめは強火で手早く沸騰させ、そのあとは弱火でコトコト炊いていました。あわやきびや豆は多少アクヤゴミが出るので、強く沸騰させていたのだと思います。ここで出たアクは捨てます。

ただ沸騰前の穀物は下に沈んで焦げやすいのです。それを防ぐために煮立つ前に、一、二度底から混ぜて材料が底につかないようにします。

日本のおかゆの炊き方と違うかもしれませんが、本書では基本的には母ゆずりの北京式に強火で炊き、一、二度かき混ぜる方法をとりました。量が少ないとき、土鍋の場合は火もかげんしてください。

沸騰したあとは、かならず弱火にします。日本のおかゆより、穀物のとろみを出すように炊きますので、後半の火かげんを、ゆるやかな対流が持続するように保ちます。穀物は花が咲くようにはじけてよいのですが、反対に火が強すぎるとドロッとしたおかゆになります。昔はご飯炊きに上手下手があったといわれますが、おかゆも同じです。

炊いている間は、なるべく蓋をずらしたり開けたりするのは避けるようにします。鍋底につくのを防ぐためにまぜるときも、手早く底をまぜて、すぐに蓋をしてください。

沸騰しはじめる時間やでき上がり時間を正確に把握するには、タイマーは必需品です。小型のタイマーをポケットに入れておくと、離れたところにいても安心です。

▲沸騰すると対流で米は動き回る。この段階でとろみの強弱がきまる。水滴に見えるのは沸騰して上がる気泡。

おいしい食べ方

先にもふれましたが、北京式のおかゆは、基本的に味はつけません。日本のご飯と同じで、穀物が持っているかすかな味を味わうのが前提です。ただ食べやすさからいえば味も必要で、そのためにはおかずはもちろんトッピングやつけ合わせ、漬け物といっしょに食べることもふつうです。

食事はおいしいと思われる食べ方で食べるのがいちばんで、正しい食べ方というのはありませんが、ここでは一応北京っ子の食べ方をご紹介しておきましょう。

これは実際に試してみるとわかるのですが、塩味のいっさいない米のおかゆに少しの塩を加えると、それだけで米が締まり、とろみがなくなってシャバシャバしてしまいます。その変化はあっという間です。ですからとろみの好きな北京っ子は、塩味の強いフールー（腐乳）や漬け物をおかゆに混ぜるとき、れんげの周りのほんの一口分にだけ混ぜながら食べます。全体に混ぜると途中でおかゆの食感が変わってしまうからです。

同じ中国のおかゆでも、南方の具入りや味つきのおかゆに慣れたかたには、北京式の味なしのおかゆはもの足りなく思われるかもしれません。しかし、いろんな穀物をあきずに食べるには、この方法がいちばんだと思います。白いご飯の味には世界一厳しい日本のかたでしたら、きっとこの食べ方も理解していただけるのではないでしょうか。

体に優しい穀物食を、ぜひ一日に一度は、食卓にいかがでしょうか。

やさしく作れて
体に優しいおかゆレシピ

一年を通して食べるベーシックなおかゆ
春のおかゆは健康のために
夏のおかゆは食欲を考えて
秋のおかゆはおいしさ優先
冬のおかゆは体をあたためる
民間食療のおかゆ

一年を通して食べるベーシックなおかゆ

●材料と作り方は4人分

白米を使った三つのおかゆ

米がゆ
白米粥《バイミージョウ》

基本的なおかゆです。ここでは米1水6の比率で作りますが、水の量を増しても作り方は同様です。

最初の段階では、鍋底に米がつかないように底からまぜます。その後はなるべくまぜないことがたいせつです。ことこと煮るだけの力で、自然な粘りを出します。かきまぜると米がつぶれます。粘りが出すぎて、米と汁の区別がつかなくなります。

●材料と作り方

米……………………1カップ
水……………………6カップ

①米を洗って水けをよくきり、たっぷりの水（分量外）を入れて約30分おき、吸水させます。

②①の水を捨てて、分量の水を入れます。火にかけて、鍋底につかないように軽く底からまぜ、沸騰したら、弱火にして、蓋をし、40〜50分煮ます。

蒸らし炊きのおかゆ

燜粥《メンジォウ》

これも基本の炊き方です。北京のおかゆの店では、分厚い木の桶の外側をわらで巻いた特別の道具を使います。これは店の看板にもなっています。これはおいしいお米の味を守ってくれる方法でしょう。

私は炊飯器の保温を利用して作ります。さらっとして米粒は一粒もつぶれていませんが、口にするとハラッととけてしまいます。長時間保温してもだいじょうぶです。

●材料と作り方

米……………………1カップ

水……………………6カップ

①米を洗って水けをきり、たっぷりの水（分量外）に30分つけます。

②水をきって新しく分量の水を入れて火にかけ、沸騰したら火を止め、炊飯器に移して保温で2時間おきます。

つぶした米のおかゆ

砕米粥《スイミージォウ》

食べやすく消化がよいので、離乳食や、高齢者、病人に向きます。米をつぶすのに、北京では麺台と麺棒を使いますが、日本のすり鉢がとても便利です。

短時間で炊けます。さらっとして、米の甘みが出ればころあい。

●材料と作り方

米……………………1カップ

水……………………6カップ

①米を洗って水けをきり、たっぷりの水（分量外）を入れて、30分ぐらい吸水させます。

②①の水けをよくきり、すり鉢に入れてすりこ木で軽くつぶします。

③②を鍋に移し、分量の水を注ぎ、火にかけて、鍋底につかないようにまぜて沸騰させ、弱火にします。蓋をして20分～30分煮ます。

玄米は炊くのがむずかしいと言われていますが、おかゆにするのは意外に簡単です。特に土鍋を使うと、火の当たりがやわらかく、上手にできます。ただし焦げやすいので注意が必要です。

実は中国では玄米はほとんど食べません。日本に来て、玄米がとても健康によいと聞き、試してみたものです。ところが炊き上がりの香りがよく、おいしいので、以後よく作るようになりました。

●材料と作り方

玄米……………………1カップ
水……………………8カップ

①玄米を軽く洗って土鍋に入れ、水を加えます。30～40分つけておくと、ふくらんで花が咲いたようになります。

②中火にかけてゆっくり温度を上げて、鍋底につかないように一度底から混ぜます。

③沸騰したら火を弱め、蓋をして40分煮ます。玄米は沈みやすいので、途中一、二度底からまぜます。

●炊飯器の場合は、玄米を炊飯器のカップ1杯に水4杯を加えて前夜におかゆタイマーにしておくと、朝食も簡単にできます。

玄米のおかゆ

糙米粥《ツァオミージョウ》

あわがゆ

小米粥《シャオミージョウ》

あわ（粟）は、中国ではシャオミー、すなわち小さなお米と呼ばれるくらいポピュラーな穀物です。お米にかえて、いろいろな穀物や材料に混ぜてもよいのですが、一度はあわ単品のおかゆを試して、炊き上がりの食感を覚えてください。

あわは精白してないので、土ぼこりや多少の砂がまじっていることがよくあります。ていねいに洗って用いましょう。

●材料と作り方

あわ……………………1カップ
水……………………8カップ

①あわは、水の濁りがなくなるまで、水をかえてよく洗います。

②たっぷりの水（分量外）を入れて火にかけ、沸騰させます。アクが出ますので、鍋を火からおろし、ゆで汁をきれいにこぼします。

③②に新しい水8カップを入れ、火にかけて、再び沸騰したら、弱火にして、蓋をして、1時間くらい煮ます。焦げつかないように、様子を見てかきまぜます。

●炊飯器のおかゆメニューでも炊けますが、白米より少しかたいので、10分くらい蒸らす時間をとります。

紫米のおかゆ

紫米粥《ズーミージョウ》

紫米《むらさきごめ》（黒米）のおかゆは歯ざわりが独特で、プチプチした感じがあります。見た目よりはさっぱりして、香りがあり、ほんのり甘みもあります。わが家では、おもてなしのときの最後によく作ります。色が濃いので、お客さまはびっくりしますが、食べるとさっぱりしたあと口になり、好評です。

●材料と作り方

紫米（黒米）……………………1カップ
水…………………………………8カップ

①紫米を洗って鍋に入れ、水かげんをして、そのまま一晩つけます。
②火にかけて、鍋底につかないように一度底からまぜます。
③沸騰したら弱火にして蓋をし、1時間半煮ます。鍋底に焦げつかないよう1時間に2、3回鍋底までまぜます。

大麦がゆ

大麦粥《ダーマイジォウ》

大麦のおかゆは消化がよいと定評があります。

大麦がゆには火の通りも早い、押し麦を使います。麦ごはんと違い、水分がたっぷりあるので、弾力のある麦がとてもおいしくなります。

黒砂糖をのせる食べ方は、昔からのもので、消化を助け、滋養もあると言われています。

●材料と作り方

押し麦……………1カップ
水…………………8カップ
黒砂糖……………適量

①押し麦はよく洗って、分量の水に1時間つけておきます。

②火にかけて、沸騰したら弱火にして1時間煮ます。押し麦がふっくらして、汁にも粘りが出ます。黒砂糖を少しかけて食べます。

北京では飲食店の「早点《ザオディエン》」(朝食)に、「麵茶」が名物となっています。あわ(粟)の粉で作られたおかゆで、薄くてお茶のように飲みます。ごまペーストをのせてまぜながら飲むのがふつうです。

家庭ではとうもろこしの粉で作ります。特に秋の新とうもろこしの粉は香りがよく、味も濃いので、毎朝食べたくなります。

とうもろこしのあらびき粉(コーングリッツ)は、なるべく粉末に近いものを使ってください。やわらかさは水の量でかげんできます。短時間で煮えるおかゆです。

●材料と作り方

とうもろこしのあらびき粉(コーングリッツ)………2/3カップ
水………8カップ
黒ごまペースト………大さじ3
塩………小さじ½

①とうもろこしに水2カップを加えてまぜておきます。
②分量の水を沸騰させ、①を流し入れます。まぜながらだまにならないようにして、再び沸騰させ、弱火で15分くらい煮ます。
器に注いで、塩をまぜたごまペーストをのせて食べます。

コーンあらびき粉のかゆ

玉米麵粥《ユイミーミエンジォウ》

コーン半割りのおかゆ

玉米糁粥《ユイミーシェンジョウ》

とうもろこしの半割り（7ページ）は煮る時間は少し長くかかりますが、歯ざわりも弾力があって、飽きない味です。さっぱりした香りの別種のコーンスープと言えます。

とうもろこしは、半割りといっても、粒の大きさや質によってかたさが違い、煮えかげんが時間ではかれません。ときどき味をみて、やわらかく甘みが出ていればだいじょうぶです。

●材料と作り方

とうもろこしの半割り……1カップ
水……………………8カップ

①鍋にとうもろこしの半割りと水を入れて火にかけ、沸騰したら火を止め、蓋をして2時間おきます。
②再び火にかけて、沸騰したら弱火にして、ふたをして1時間半煮ます。とろみがつき、とうもろこしがふっくらして、甘いよい香りがしてきたら火を止めます。

あわと米のおかゆ

二米粥《アールミージョウ》

小米（シャオミー）と呼ぶあわと大米（ターミー）と呼ぶ米、いわば二種の米を合わせたおかゆは北京ではとてもポピュラーです。一口であわと白米二つの食感、二つの香りが楽しめます。

ポイントは、あわは精白してないので、よく洗うこと（17ページあわがゆ参照）、煮すぎるととけて混ざってしまうので、煮上がりのタイミングに気を配ることでしょう。

消化がよく、さっぱりしているので、晩ごはんによく食べます。それで献立は、辛みのきいた四川料理で、晩ごはん向きにしてみました。

●材料と作り方

あわ……………………$\frac{1}{2}$カップ
米………………………$\frac{1}{2}$カップ
水………………………8カップ

①あわと米は別々に洗ってから、合わせて鍋に入れ、水を加えて火にかけます。鍋底につかないように混ぜておきます。

②沸騰したら弱火にして、蓋をしたまま1時間煮ます。

牛肉の四川炒め（作り方111ページ）

紅豆粥《ホンドウジョウ》　あずきがゆ

お豆を食べるには、おかゆにするのがいちばん手間がかからないで、たくさん食べられます。

あずきはどこの家でも常備しています。体をあたためるので、一年じゅう食べます。特に血を造り、血液の循環をよくすると言われ、特に女性は産後や生理時によく食べます。

あずきのおかゆは甘みとよい香りがあって、おかずがなくてもおいしく食べられます。

米はふつうの米でもいいのですが、もち米を使うと、粘りと甘みが出てまたひと味違います。

●材料と作り方

米……………………2/3カップ
あずき………………1/3カップ
水……………………7カップ

①あずきを洗って水けをきって鍋に入れます。水7カップを入れて火にかけ、沸騰したら火を止め、蓋をしたまま1時間おきます。

②米を洗って水けをきり、①に加えて火にかけます。鍋底につかないようにまぜ、蓋をして弱火で1時間煮ます。豆はくずれるので、煮すぎないようにします。

はとむぎともち米のおかゆ

薏苡仁粥《イーイーレンジォウ》

はとむぎは各種の食療作用が重くみられています。

はとむぎともち米は相性がよく、はとむぎのプリプリとした弾力をもち米の粘りけがやわらかく包み、食べやすくします。

はとむぎは湯につけて、重曹を入れると、においが消えます。

●材料と作り方

はとむぎ……………½カップ
もち米……………½カップ
水……………8カップ
重曹……………ひとつまみ

①はとむぎを洗って水けをきり、鍋に入れて、たっぷりの水（分量外）を加えて火にかけます。沸騰したら、重曹を加えて火を止め、蓋をしたまま2時間つけます。

②つけ水を捨てて、分量の水を入れます。

③もち米を洗って水けをきり、②に加えて火にかけ、鍋底につかないように混ぜて、弱火で1時間半煮ます。もち米が鍋底につきやすいので、途中何回かまぜます。

ひえのおかゆ

稗子粥《バイズジォウ》

ひえ（稗）などの雑穀は、北京でもこの三、四年とても大はやりです。さっぱりして、食べるとなにか体によさそうな感じがするので、自然志向の人々に人気です。本来荒れ地の作物ですが、それがかえって無農薬などの自然食ということで復活しました。

一度この作り方で、ひえのクセをのみ込まれたら、米とまぜたり、水の量をかげんなさったりするとよいでしょう。

アクをしっかり除くのがおいしく作るポイントになります。

●材料と作り方

ひえ……………1カップ
水……………7カップ

①ひえは、水が澄むまでよく洗います。

②鍋にひえとたっぷりの水（分量外）を入れて火にかけ、沸騰するとアクがたくさん出ます。火を止めて煮汁を捨て（ゆでこぼす）、新しく分量の水を加えて再び火にかけて煮ます。鍋底につかないよう混ぜておきます。40分で煮えます。

くこ入りもち米のおかゆ

糯米枸杞子粥《ヌオミーゴウチーズジォウ》

くこの実（枸杞子《くこし》）は漢方薬の材料ですが、見た目がかわいらしく、おいしいので、日常的な健康食品として、料理やお菓子によく使われます。

　このおかゆは、もち米の香りと粘りが、くこの甘ずっぱい味にぴったりです。おもてなしやごちそうの締めくくりにも向きます。

　もち米のおかゆは、煮すぎたり時間がたつと、とけて甘みもうせるので、時間を見はからって火にかけましょう。

●材料と作り方

もち米……………………2/3カップ
くこの実……………………80g
水……………………8カップ

①もち米は洗って水けをきり、鍋に入れて水8カップを注ぎます。火にかけて鍋底につかないように混ぜます。沸騰したら、蓋をして弱火で1時間炊きます。

②くこをよく洗って、おかゆのでき上がり2～3分前に入れます。

●米は加熱すると表面のデンプンがとけて、最初のころにとても鍋底につきやすいので、注意します。

きびのおかゆ ココナッツ風味

黄米粥《ホアンミージォウ》

きびをふっくらと粒々の食感を残して煮、ココナッツミルクといっしょに飲むと、タピオカ（西米《シーミー》）のような感じで、おしゃれなおかゆです。

北京では、ココやしの実が一年じゅう売られていますが、私の母は心配性で、生のまま飲むことはしません。それでわが家の自慢のおかゆが一つ増えました。

私は東京で、市販のココナツミルク缶詰を使って作ります。とり合わせるおかずも南国風に、パパイヤの牛肉のあえ物を作りました。

●材料と作り方

きび……………………1カップ
水……………………4カップ
ココナツミルク（缶詰）………600cc

①きびをよく洗って水けをきり、鍋に入れて水4カップを注ぎます。水分が少ないので鍋底につかないように混ぜて煮ます。沸騰したら蓋をしたまま弱火で30分くらい煮ます。

②①にココナツミルクを加え、さらに20分くらい煮ます。

●ココナツミルクを入れたあとはふきこぼれやすいので、蓋を少しずらしておくとよいでしょう。

牛肉とパパイヤのあえ物（作り方111ページ）

赤米のおかゆ

紅黄粥《ホンホアンジョウ》

赤米《あかごめ》は粘りが少ないので、あわの粘りとほどよく調和します。

赤米は、紫米よりもややわらかめで、色も歯ざわりもやさしく、北京ではいま人気の自然食品の一つです。

●材料と作り方

赤米……………………½カップ
あわ……………………½カップ
水………………………8カップ

①赤米を洗って水けをきり、鍋に入れます。水1ℓ（分量外）を加えて火にかけ、沸騰してアクが出たら火を止め、1時間つけます。

②あわはよく洗って水けをきって①に加えます。再び火にかけて沸騰してアクが出たら火を止めて湯を捨てます（ゆでこぼす）。

③新しく分量の水を入れて火にかけ、鍋底につかないようにかき混ぜ、沸騰したら蓋をして弱火で1時間半煮ます。

ホテルの朝がゆ

▲北京には珍しい雪景色とシャングリラホテルの朝がゆ

◀豊富なつけ合わせとトッピングのかずかず。

◀さっぱりしたおかゆで、一日の体調をととのえる。

北京旅行の楽しみのひとつにホテルの朝がゆがある、日本の友人たちはよくそう言います。

おかゆはホテルによってそれぞれ違います。国営のホテルですと、北京式のゆるいお米のおかゆやあわのおかゆに、トッピングとおかずの類。東南アジア資本のホテルでは、南方の肉入りおかゆが加わることもあります。

見ていると、おかゆを食べる観光客のほとんどは東洋人です。西欧の人は、やはり肉類や卵にパンです。それもびっくりするほどたくさん食べます。

世界が狭くなり、食べ物にも国境がなくなりつつありますが、朝食だけは別、ということなのでしょう。

のんびりおかゆをすすりながらそんな光景を眺めるのも、旅の楽しみのひとつです。

春のおかゆは健康のために

●材料と作り方は4人分

山菜のおかゆ

野菜粥《イエツァイジォウ》

早春には、北京の人は野原に出て、春の空気を吸い、緑を踏み、山菜野草をつむ習慣があります。「踏青」といいます。

山菜野草は家に持ち帰って、かゆに入れたり、春巻きに、餃子に、包子にします。春を迎える気持ちがいっぱいです。

●材料と作り方

米……………………1カップ
山菜（たらの芽、こごみ、ふきのとうを合わせて）…………150g
水……………………6カップ
　ごま油　塩

①米を洗って水けをきり、鍋に入れて分量の水を注ぎ、火にかけます。沸騰させながら、鍋底につかないようにかきまぜて、弱火にし、蓋をして40分くらい煮ます。

②山菜は洗って、ざくざく切っておきます。炒め鍋にごま油大さじ2を熱し、山菜を入れてさっと炒め、塩小さじ1/2を入れ、①に入れて5分くらい煮たら火を止めます。

●北京では野菜は「蔬菜」、山菜野草を「野菜」といいますが、炒めるとクセが消えて食べやすくなります。ここでは日本で売られている「山菜」を使いました。

干しにんじんのおかゆ

胡蘿蔔干粥《ホールオボガンジョウ》

干しにんじんは、秋から冬に干しておいて、春食べる保存食品です。生より甘みも香りも強くなり、歯ごたえもしっかりします。切り干し大根が、生の大根とは違うように、生にんじんとは別の食材になります。作り方は簡単で、洗って丸のまま干しておくだけです。

干しにんじんは家庭食療の材料の一つで、おなかの調子をととのえ、お通じをよくするなどの効能があり、カロチンが豊富なことも知られています。

蒸して子供のおやつにしたり、肉と煮たり、スープにしたりよく使われます。

●材料と作り方

米……………………1カップ
干しにんじん……………2本
水……………………8カップ

①米を洗って水けをきり、鍋に入れて、分量の水を注ぎます。干しにんじんも洗って小さめの乱切りにして鍋に加え、火にかけます。

②鍋底につかないようにまぜて、沸騰したら、弱火にします。蓋をして1時間煮ます。米の粘りが出て、にんじんもふっくらして、やわらかくなったら火を止めます。

乾燥いものおかゆ

白薯干粥

バイシゥーガンジォウ

おいもの香りが強くなり、おかゆに甘みがうっすらつきます。乾燥いもは穀物と相性がよく、あわやきび、大麦などと炊いてもおいしく食べられます。

乾燥いもは中国でもおやつに食べます。原料のさつまいもは、日本のものより身がやわらかいのに乾燥いもにするととてもかたくなります。それで赤ちゃんが歯が生えるときにはよくかじらせます。

おかずは、なにもないときに便利な、卵とねぎの炒め物です。

●材料と作り方

米……………………2/3カップ

乾燥いも（切り干しいも、蒸して乾燥）…………100g

水……………………8カップ

米は洗い、乾燥いもは食べよい大きさに切ります。同時に鍋に入れて水を加え、火にかけます。鍋底につかないように底から混ぜます。沸騰したら、弱火にして、蓋をしたまま40分くらい煮ます。

●乾燥いもはとけると焦げやすいので気をつけましょう。

●炊飯器でも、おかゆメニューがあれば簡単に炊けます。

卵とねぎの炒め物 （作り方112ページ）

豆乳のおかゆ

豆乳は北京の人の好きな飲み物です。特に朝食に飲みます。加熱して飲むのがふつうで、豆の生ぐさみも消え、よい香りが出て、味も濃くまろやかになります。

豆乳と穀物は驚くほど相性がよく、また植物タンパクの効果的なとり方としてもおすすめです。

豆乳でおかゆを作る場合は仕上がりに加えます。そのため初めに穀物を煮る水の量は少なめになり、鍋につきやすく、焦げやすくなります。火かげんに注意し、途中でまぜることも必要です。

豆乳を加えてからはふきこぼれやすいので、蓋をずらしたり、火を細くするなどして防ぎます。

米と豆乳のおかゆ

大米豆漿粥《ダーミードウジァンジョウ》

●材料と作り方

米……………………1カップ
水……………………4カップ

あわと豆乳のおかゆ

小米豆漿粥《シァオミードウジァンジョウ》

●材料と作り方

あわ…………………1カップ
水……………………5カップ
豆乳…………………3カップ

①あわをていねいに洗います。

②鍋に①を入れて、たっぷりの水（分量外）を加えて火にかけ、沸騰させて、アクの出た煮汁を捨てます（ゆでこぼす）。新しく分量の水を加えて、火にかけます。熱してきたところで、鍋底につかないように底からかきまぜ、蓋をし、沸騰したら、弱火で40分くらい煮ます。

③②に豆乳を加えてのばします。蓋をずらし、火をさらに弱くして、20分くらい煮ます。

豆乳…………4カップ

①米を洗って水けをきり、分量の水と鍋に入れて火にかけます。鍋底につかないようにかきまぜ、沸騰したら、蓋をして、弱火で40分煮ます。

②豆乳を入れて全体にのばすようにまぜ、さらに10分くらい煮ます。

オートミールと豆乳のおかゆ

燕麦豆漿粥《イァンマイドウジァンジォウ》

●材料と作り方

オートミール……1カップ

豆乳……5カップ

①オートミールと豆乳を鍋に入れて、オートミールに豆乳を吸わせるように2～3分つけておきます。

②①を火にかけてまぜながら煮ます。沸騰したら弱火にして5分煮て、とろみが出てきたら火を止め、蓋をして、5分蒸らします。

●オートミールは市販品です。ふつうは牛乳を使いますが、豆乳と合わせるといっそうやさしい味になります。わが家では夫にも子供たちにも好評の朝食です。

あわとうずら豆のおかゆスープ

豆粥《トウジョウ》

北京では、豆の食べ方として、おかゆに入れるのはごくふつうです。豆がたくさん食べられますし、味つけはいりません。

　豆のおかゆは水をたっぷりにして、スープも兼ねたものにします。煮豆とは違う豆本来の滋味が味わえます。

　うずら豆は皮が厚く、渋みがあるので、一度ゆで汁を捨てます。

●材料と作り方

あわ……………………1/2カップ
うずら豆………………1/2カップ
水……………………10カップ

①うずら豆を洗って、たっぷりの水（分量外）を入れて火にかけ、沸騰したら火を止め、蓋をしたまま4時間つけておきます。

②豆がふっくらしたら、つけ汁を捨てて、分量の水を入れて再び火にかけて、弱火で30分煮ます。

③あわは数回水をかえてきれいに洗い、水けをきって②に加えます。熱したら、あわが鍋底につかないように底からかきまぜ、沸騰後は弱火にして蓋をしたまま1時間煮ます。途中一、二度底からまぜます。

花豆のおかゆ

花豆粥《ホアドウジォウ》

花豆《はなまめ》は紅花いんげんとも呼ばれる大きな豆です。かたいので、重曹も少し使い、時間をかけてもどします。

　豆が割れるほどに、じっくり煮るので、とても口当たりがよく、はっきりした豆の香りがたちます。

　水分を多めにして、スープのように食べるおかゆなので、夕食向きに、いかと野菜のせん切りを豆板醤とオイスターソースの風味で炒めたおかずをとり合わせました。

●材料と作り方

米………………………1/2カップ
花豆……………………1/2カップ
水………………………9カップ
重曹……………………少々

①花豆は洗って、たっぷりの水（分量外）を注ぎ、火にかけて沸騰したら火を止めます。重曹を振り、蓋をして一晩つけておきます。

②豆がふっくらしたら、つけ汁を捨て、分量の水を加えて火にかけ、沸騰後、弱火にして1時間煮ます。

③米を洗って水けをきり、②に加えて煮、鍋底につかないようにまぜ、沸騰したら蓋をして弱火で1時間煮ます。

いかと野菜のせん切り炒め（作り方112ページ）

八宝がゆ

八宝粥《バーバオジォウ》

穀物や干した木の実などをいろいろとり合わせて炊き込んだにぎやかなもので、北京の定番おかゆの一つです。中国人は偶数を喜び

ます。八宝はたくさんのことで、必ずしも八種ではありません。

味つけをしないので、材料それぞれの味が残っています。それでいてどれも植物性食品ですから、自然な調和があって、まとまりのある味になります。

縁起のよい八宝がゆに、春らしい彩りのおかずを添えました。

●材料と作り方

A
- あずき……1/5カップ
- 白いんげん……1/5カップ

B
- 米……1/5カップ
- あわ……1/5カップ
- 押し麦……1/5カップ
- コーン半割り……1/5カップ

C
- 白きくらげ……5g
- 桂圓（別名龍眼　果肉のみ）……30g

水……8カップ

①Aの豆二種を洗い、分量の水とともに鍋に入れて火にかけます。沸騰後弱火にして30分煮ます。

②Bの穀物四種は別々に洗って水をきり、①に加えます。鍋底につかないようにまぜ、沸騰したら弱火にして30分煮ます。

③Cの白きくらげは水でもどして石づきをとり、桂圓は軽く洗って②に加え、さらに30分煮ます。

菜の花の炒め物（作り方113ページ）
もやしとにんじんの塩炒め（作り方113ページ）
豚ヒレ肉の炒め物（作り方114ページ）

紫米とはすの実のおかゆ

紫米蓮子粥　ズーミーリァンズジォウ

はすの実には解毒作用があって、便通によい紫米《むらさきごめ》といっしょに食べると、とても体内がきれいになり、体調がよくなるのだそうです。

　紫米はかたい米なので、一度ゆでて、蒸らすようにしてつけます。煮れば粘りが出て、香りもよく、また食べたくなるおかゆです。

●材料と作り方
紫米……………………2/3カップ
はすの実………………1/3カップ
水………………………9カップ

①紫米を洗って水けをきり、鍋に入れて水を注ぎます。火にかけて沸騰したら火を止め、蓋をしたまま4時間つけておきます。
②はすの実を水につけ、1時間おきます。
③①を再び火にかけ、底からまぜて、沸騰したら弱火で1時間煮ます。
④はすの実の水けをきって③に加え、さらに1時間煮ます。
●朝食のときは、前夜から①②を準備して、一晩つけおき、朝は③、④を続けます。

きびとはとむぎのおかゆ

黄米薏苡仁粥《ホアンミーイーイーレンジォウ》

北京の春は西風が強く、黄砂に悩まされます。お肌にとっても大敵で、肌荒れやにきびをひき起こしがちです。

　私もにきびの時期があり、母がよくはとむぎのおかゆを作ってくれました。夜食べると、翌朝くらいには治ってくるのです。はとむぎは美容に効果が高いと言われ、化粧品までできているほどです。

　はとむぎは粘りがなく食べにくいのですが、このおかゆでは粘りの強いきびが補ってくれます。

●材料と作り方

はとむぎ……………1/2カップ
きび……………1/2カップ
水……………8カップ

①はとむぎは洗って、たっぷりの水（分量外）を注いで火にかけ、沸騰したら火を止め、蓋をしたまま3〜4時間つけておきます。

②つけ汁を捨てて、分量の水を加え、再び火にかけます。沸騰したら弱火にして、1時間煮ます。

③きびは水をかえてよく洗い、②の鍋に加えます。きびが鍋底でかたまらないようにかきまぜ、沸騰後弱火にして1時間煮ます。

豆苗入り玄米のおかゆ

豆苗粥《ドウミァオジョウ》

玄米と豆苗の香りがとてもよく合います。おかゆにはあまり野菜を入れませんが、豆苗は豆の香りが強く、水分が少ないので、おかゆの炊き上がりぎわに入れて煮ます。

白米だけでもよく、またもち米を使っても、とろりとしておいしく味わえます。

中国風の味つけの、たいのおさしみのあえ物をおかずに。くせになるおいしさです。

●材料と作り方

玄米……………… $\frac{1}{2}$カップ
米……………… $\frac{1}{2}$カップ
豆苗……………… 50g
水……………… 8カップ

①玄米を洗って、分量の水につけます。水を吸って花が咲いたようになったら、洗った米を加えて火にかけます。米は底につかないようにまぜ、沸騰したら弱火にして、蓋をしたまま1時間煮ます。

②豆苗を洗って水けをきり、適当な長さに切って、①が炊き上がる直前に入れ、さっと煮ます。

たいのおさしみ中国風
（作り方114ページ）

市場の穀物店

▲食品市場の粮店で。

北京のスーパーマーケット（超級市場、あるいは超市といいます）や食品市場には、粮店《リアンデアン》とよばれる穀物店があります。

売っている穀物は本書に登場するものとほぼ同じ。ただ日本と少し違うのは、雑穀や豆類が多量に売られていることでしょうか。おかゆやスープにして食べる人が多いのです。

おもしろいのは、猫や小鳥のえさもいっしょに売っていること。この前、雑穀のミックスを見つけて、これはおかゆに便利と思い、5キロくださいといったら、ダチヨウでも飼っているのかね、と店の主人に笑われました。小鳥のえさだったのです。

私が高校生のころまでは食糧事情が悪く、主食はもちろん、肉や卵も配給の切符がないと買えませんでした。ですから動物を飼うことも禁じられていました。

今の北京は物が豊かで変化が早く、たまに帰ると、とまどうことばかりです。

◀八宝がゆ（38ページ）ミックスは最近の人気商品。

◀米のほか雑穀、豆、乾物、食用油などが売られている。右下にはキャットフードも。

夏のおかゆは食欲を考えて

緑豆とはすの実と米のおかゆ
緑豆粥《リュードウジョウ》

●材料と作り方は4人分

緑豆のおかゆ三種

緑豆《りょくとう》は北京の夏に欠かせないものです。緑豆には解毒や熱さましの効果があって、夏は新陳代謝をよくするために、おかゆやスープ、デザートなどに使います。

あたたかくても冷めてもおいしいおかゆです。

●材料と作り方

緑豆……1/2カップ
米……1/2カップ
はすの実……30粒
水……8カップ

①緑豆とはすの実を洗い、水とともに鍋に入れて火にかけます。沸騰したら弱火にして、蓋をしたまま20分煮ます。

②米を洗って水けをきり、①に加えてかきまぜます。沸騰させて弱火にし、蓋をしたまま50分くらい煮ます。

緑豆とあわのおかゆ

緑豆小米粥《リュードウシアオミージョウ》

緑豆を主役に、あわの粘りを添えます。好みで黒砂糖とすりごまを振って食べます。

●材料と作り方

緑豆……2/3カップ
あわ……1/3カップ
なつめ……20粒
水……10カップ

緑豆、あわ、なつめを別々に洗って鍋に入れ、水を加えます。沸騰しかけたらまぜ、沸騰したら弱火にして蓋をし、1時間煮ます。

緑豆ともち米のおかゆ

緑豆糯米粥《リュードウヌオミージョウ》

ドライフルーツのほんのりした甘みがよく合います。熱くても冷たくしてもよいでしょう。

●材料と作り方

緑豆……1/2カップ
もち米……1/2カップ
ドライフルーツ……1/2カップ
（あんずでもミックスでもよい）
水……10カップ

①緑豆ともち米を洗って鍋に入れ、水を注いで底からまぜます。沸騰させて弱火にし、蓋をして1時間煮ます。

②ドライフルーツは小さく刻み、①に加えて、さらに10分煮ます。

押し麦とかぼちゃのおかゆ

大麦南瓜粥《ダーマイナングアジョウ》

夏の食欲不振や夏バテにおすすめです。大麦は消化がよく、甘くやわらかいかぼちゃと、とても相性がよく、食感が楽しめます。

このおかずに、うなぎのかば焼きの炒め物はいかが。

●材料と作り方

押し麦……………………2/3カップ
かぼちゃ（正味）……………150g
水………………………6カップ

①押し麦は洗ってたっぷりの水（分量外）につけて1時間くらいおきます。

②かぼちゃは種をとり、皮をむいて、1cm角に切っておきます。

③①のつけ水を捨てて、分量の水を加えて火にかけ、沸騰させて、アクをとります。弱火にして1時間煮ます。

④②のかぼちゃを加え、やわらかくなるまでさらに15分煮ます。

うなぎとにらの炒め物
（作り方は115ページ）

オートミールのフルーツがゆ

燕麦粥《イアンマイジョウ》

オートミールは西洋の食べ物ですが、作り方は北京のおかゆに似ています。このごろ北京で、はやり物になりました。特に若い人たちが朝食によく食べています。手早くて、おいしく、健康的でおしゃれなところが受けているのでしょう。フルーツを添えました。

●材料と作り方

オートミール……………1カップ
水……………………………2カップ
牛乳…………………………3カップ
いちご………………………適宜
マンゴー……………………適宜
ライチー……………………適宜

①オートミールを鍋に入れて、水を加えて火にかけます。沸騰したら弱火にして、かきまぜ、5分くらい煮ます。火を止めて蓋をし、3分蒸らします。

②①に牛乳を加えてのばします。

③いちご、マンゴー、ライチーなどの果物は適当に切って、器に盛ったおかゆに浮かべて、いっしょに食べます。

●ライチーなどは、生がなければ冷凍ものでもよいでしょう。

コーンとグリンピースのおかゆ

玉米青豌豆粥《ユイミーチンワンドウジォウ》

なつめが入っているので、おかゆ全体にほんのり甘みがあり、コーンの香りと歯ざわり、グリンピースの香りがやさしくとけ合います。コーンはコーンスターチの原料になるくらいですから煮るとよいとろみが出ます。

●材料と作り方

コーン半割り……………½カップ
グリンピース（乾物）……½カップ
なつめ……………………20粒
水…………………………7カップ

①コーンとなつめを洗って、鍋に入れて水を注ぎ、火にかけます。沸騰したら火を止めて、蓋をしたままで2時間つけておきます。

②グリンピースを洗って水けをきり、①に加えてさらに2時間つけておきます。

③火にかけて沸騰したら、弱火にして1時間半煮ます。

ラズベリーのおかゆ

桑椹粥《サンレンジォウ》

桑椹は桑の実です。北京の女の子の大人気のおかゆの一つです。娘のころは桑椹の季節には、これが土日のお昼の定番でした。色もきれいで、あまり甘くなくて、香りのよいものです。

日本では売られていないので、ラズベリーで代用しました。土日の遅い朝食にクロワッサンなどといっしょにスープの代わりにおすすめです。

朝昼兼用の食事に鶏のから揚げと香味野菜のあえ物などはいかがですか。

●材料と作り方

もち米……………………2/3カップ
ラズベリー………………100g
水…………………………8カップ

①もち米を洗って水けをきり、鍋に入れて水を注ぎます。火にかけて、鍋底につかないようにまぜ、沸騰したら弱火にします。蓋をして1時間煮ます。途中でも1～2回鍋底に注意してまぜます。

②ラズベリーを洗って、①が炊き上がる2～3分前に入れてひと煮します。

鶏のから揚げのあえ物
（作り方115ページ）

そばごめのおかゆ

蕎麦粥《チァオマイジョウ》

ぬか漬けのあえ物（作り方106ページ）
シェンダン（塩卵）（作り方116ページ）
さやえんどうの炒め物（作り方117ページ）

そばごめをからいりして香ばしい香りを出します。もともと粘りけがないので、もち米を加えるととてもおいしくできます。さっぱりして香りがよく、食欲を刺激します。

つけ合わせの鹹蛋《シエンダン》（塩卵）は自家製の保存食です。ぜひお試しください。

●材料と作り方

そばごめ（むきそば）……$2/3$カップ
もち米……$1/3$カップ
水……8カップ

①そばごめの半量ともち米を別々に洗い、水けをきって鍋に入れ、水を注いで火にかけます。途中で底からまぜ、沸騰したら弱火にし、蓋をして1時間煮ます。粘りが出て、そばももち米もふくらんで花の咲いたようになります。

②残りのそばごめはフライパンで香ばしくいって、①に入れてさらに10分くらい煮ます。

51　夏のおかゆは食欲を考えて

中国の茶がゆ二種

ジャスミン茶のおかゆ

茉莉花茶粥《モーリーホアチァージョウ》

北京ではお茶づけの習慣はありませんが、茶がゆはよく作ります。使うお茶は緑茶、ウーロン茶など、あまりこだわりません。やはり多いのは、ふだん飲むことの多いジャスミン茶でしょうか。

脂っこい料理のあとなど、おいしいお茶で炊いた薄いおかゆは、不思議な飲みやすさで満足感を覚えます。

●材料と作り方

米……………………$\frac{2}{3}$カップ
ジャスミン茶……………5g
水………………10カップ

①米は洗って水けをきって鍋に入れ、水を注いで火にかけます。
②ジャスミン茶はお茶パックに入れて、①に加えておきます。
③鍋底につかないように底からまぜ、沸騰したら弱火にして蓋をして45分煮ます。

草原がゆ

草原粥《ツァオユアンジォウ》

冬の北京へは、西の砂漠や草原の遊牧民が、羊を売りに来たり、買い物に来ることも多いのです。

彼らは羊ややぎの奶茶《ナイチアー》（ミルクティー）を日常飲んでいます。ミルクで煮るかゆも食べます。これに茶の苦みが加わることで、独特の味の世界が広がります。

●材料と作り方

あわ……………… $\frac{2}{3}$カップ
水……………………4カップ
牛乳またはやぎ乳……2カップ
ウーロン茶…………10g

①あわはよく洗って鍋に入れ、たっぷりの水（分量外）を注ぎます。火にかけて沸騰させ、アクが出たら火からおろして、ゆで汁をこぼします（ゆでこぼす）。

②分量の水を加えて火にかけて熱し、鍋底につかないように底からまぜます。再び沸騰したら弱火にして、蓋をして40分くらい煮ます。

③あわがふっくらして花が咲いたようになったら、牛乳でのばして、さらに10分くらい煮ます。

④ウーロン茶は軽くからいりして、すり鉢であらくつぶし、おかゆを食べるときにかけます。

ミントのおかゆ

薄荷粥《ボーファージォウ》

夏にもおかゆを食べるのは北京の人の生活習慣です。暑さで弱った体力や消化力を、体の内側から熱くして、汗を思いきりかかせて、毒を排出するからです。

ミントの葉はかぜやせきにもよいといわれています。このおかゆは緑の葉がとてもきれいで、水の量が多く、もち米を使っているので透明感があって、魅力的です。

ひとさじ口にすると、熱いおかゆなのにミントの清涼感があふれるばかりで、不思議な世界です。

おかずはサラダ感覚のあえ物で、昼食、夕食にぴったりです。

●材料と作り方

もち米……………………1カップ
ミントの葉………………5g
水……………………10カップ

①もち米を洗って水けをきり、水とともに鍋に入れて火にかけます。鍋底につかないようにまぜ、沸騰したら弱火にして蓋をして1時間煮ます。

②ミントは洗って葉をつみ、①の炊き上がりに入れて火を止めます。

たこのサラダ（作り方118ページ）

●北京的粥事情●

おかゆのうつわとれんげ

▲楽しみで集めたれんげ。裏には糸底がある。

本書に登場するうつわは、中国のものと日本のもの、それにわずかですがベトナムのものがまざっています。初めのうちは、北京のおかゆですから中国のものだけに限ろうかと思いました。でも日本の塗りの椀や粉引、染付も好きです。結局いろんなうつわが登場することになってしまいました。

中国品には一見骨董に見えるものもありますが、それらは写しで、実際は現代のものばかりです。写しは中国語では倣《ファン》（古）といいます。模倣の倣ですね。中国の倣の歴史は古く、千年前にはもう二千年前のものを作っていたといいますから、いまそれを見れば、それもりっぱな骨董品です。ですから中国骨董はとても複雑でむずかしい世界なのです。

おかゆにれんげはつきものです。れんげは中国語では調羹《ティアオゲン》あるいは匙子《チーズ》といいます。スプーンの役目もしますが、昔は小皿としても使いました。古いものに糸底がついているものが多いのはそのためです。

れんげは碗と違って、ちょっと古いものも使っています。この何年かの間、北京に帰るたびに楽しみでコツコツ集めた、愛着のあるものばかりです。

◀中国とベトナムの碗。中国の碗には薄手の磁器が多い。

◀日本の碗や椀。日本のうつわでは、すっきりしたモダンな感覚のものが好きです。

●材料と作り方は4人分

秋のおかゆはおいしさ優先

菊の花のあわがゆ

菊花粥《ジューホアジョウ》

中国では、菊花茶は気持ちをすっきりさせる効用がある、と言われています。

おかゆには、菊花の味や効用としては乾燥菊を使うだけで十分ですが、美しさや、花びらをつんで散らす楽しさもおいしさのうちと考えて、生の花も使いました。

●材料と作り方

あわ……………………1カップ
水……………………9カップ
乾燥菊花………………5g
食用菊花………………5輪

①あわをきれいに洗って土鍋に入れ、水（分量外）をたっぷり加えて中火にかけ、沸騰してアクが浮いたら、湯をこぼします（ゆでこぼす）。

②あわに分量の水を加えて中火にかけ、底全体をかきまぜてつかないようにします。

③沸騰したら弱火にして、乾燥菊をほぐしてまぜ、蓋をして1時間煮ます。途中で2〜3回、底から静かにまぜます。

④あわの粒がふっくらとして、花が咲いたようになれば炊き上がりです。器に盛って、菊の花びらをつんでのせます。

ざくろのおかゆ

柘榴粥

シーリウジョウ

あざやかな赤紫色で、ちょっぴり酸味のあるおかゆです。祖母の家の庭にざくろの木があり「美人になるよ」と秋には必ず作ってくれたものですが、子どものころはその意味がわからず、酸っぱさもあって、あまり好きではありませんでした。今にして思えば、たくさん食べておくのだったと——。

ざくろは、成熟して皮が割れているものを使ってください。

●材料と作り方

米……………………1カップ
ざくろ………………1個
水……………………10カップ

①ざくろの種だけを取り出して土鍋に入れ、水を加えて中火にかけ、沸騰したら弱火にして、汁がきれいな赤紫色に染まるまで30分ほど煮ます。

②煮汁をこして種を除きます。

③米を洗って土鍋に入れ、②を加えて中火にかけ、熱したら底全体をかきまぜて米が底につかないようにし、沸騰後弱火にして蓋をして45分ほど煮ます。途中で1～2回、底から静かにまぜます。

洋梨のおかゆ

梨汁粥《リージージォウ》

えびと卵のシンプル炒め（作り方118ページ）

洋梨の味はもちろんですが、独特の香りがごちそうのおかゆ。おもてなしの最後のデザート代わりにお出ししても喜ばれます。

北京は梨の種類が豊富です。どの梨も、のどやかぜの予防によいので、そのまま食べるだけでなく、おかゆや料理にとり入れて、乾燥のきつい冬に備えます。

おかずには、彩りのよい、えびと卵のシンプル炒めを。

●材料と作り方

米……………………1カップ
洋梨…………………2個
水……………………8カップ

①洋梨は皮としんを除いて小さめの乱切りにし、土鍋に入れて水を加えて中火にかけ、沸騰したら弱火にして、洋梨の風味が十分に溶けでるまで30分ほど煮ます。

②煮汁をこして果肉を除きます。

③米を洗って土鍋に入れ、②を加えて中火にかけ、底全体をまぜて、沸騰したら弱火にして蓋をして45分ほど煮ます。途中で1～2回、底から静かにまぜます。

●ほかの梨でも作り方は同じです。

普通は梨の果肉ごと煮ますが、ここでは、すっきり仕上げました。

さつまいものおかゆ

白薯粥　バイシゥージォウ

さつまいもは便秘解消に効果のある手ごろな食品なので、体調をととのえるために常に食べますが、秋にとれるしゅんのさつまいもで作るおかゆは、やはりいちばんおいしいと思います。

たいていのおかゆはどの穀物を使ってもだいじょうぶですが、このさつまいものおかゆには白米が合うような気がします。ほんのりした甘みや、白と黄色の世界がとても印象的だからでしょう。

おかずには、根菜や厚揚げなどの「お煮しめ」がよいでしょう。

●材料と作り方

米……………………2/3カップ
さつまいも……………180g
水……………………7カップ

①米をきれいに洗って土鍋に入れ、水を加えて火にかけ、底全体をかきまぜて、沸騰したらあとは弱火にして蓋をして40分ほど煮ます。途中で2～3回、底から静かにまぜます。

②さつまいもの皮をむいて1.5㎝角に切り、水にさらします。

③さつまいもを①に加え、さらに20分ほど煮ます。

お煮しめ（作り方119ページ）

栗のおかゆ二種

甘栗のきびがゆ

黄米炒栗粥《ホアンミーチァオリージョウ》

●材料と作り方

きび……2/3カップ
甘栗（皮をむいた正味）……150g
水……8カップ

①きびを洗って土鍋に入れ、水を加えて火にかけ、底からまぜ、沸騰したら弱火にして蓋をして30分煮ます。2回ほど底からまぜます。

②皮をむいた甘栗を加え、さらに30分ほど煮ます。

栗の赤米がゆ

紅米生栗粥《ホンミーシェンリージョウ》

●材料と作り方

赤米《あかごめ》……2/3カップ
栗（皮をむいて正味）……150g
水……8カップ

①赤米を洗って土鍋に入れ、水を加えて火にかけ、沸騰したら火を止めて蓋をし、2時間おきます。

②再び火にかけ、底全体をかきまぜ、煮立ったらごく弱火にして蓋をし、1時間30分煮ます。途中で2～3回、底から静かにまぜます。

③栗を加え、さらに30分煮ます。

④

ゆり根のおかゆ

百合粥《バイホァージョウ》

ゆり根は中国語では単に「百合（バイホァー）」といいます。同音の言葉に「百和《バイホァー》」があり、百はすべて、和は和平、和睦、「百事和」ですべてよいということです。おもてなしのときに百合根を使うと、お客さまをたいせつに、仲よくする気持ちをあらわします。

ゆり根は中国薬（漢方）にも使われ、せき、痰、肺などに効能が

③

⑥

②

あります。甘く、かすかにほろ苦い味を、もち米のおかゆとともに味わってください。
　おもてなしの献立を作りました。

●材料と作り方

もち米……………………1カップ
ゆり根……………………2個
水…………………………8カップ

①もち米は洗い、水けをきって鍋に入れます。水を注いで火にかけ、沸騰しかけたら鍋底につかないようにまぜます。沸騰したら弱火にして蓋をして1時間くらい煮ます。途中2、3回静かにすばやく、底からまぜます。
②ゆり根は小片に割って、水で軽く洗い、水けをきって①に加えます。約10分煮て、ゆり根が透明になったらでき上がりです。ゆり根を煮すぎないように。

①紅白のあえ物（作り方119ページ）
②えびだんごのチリソース（作り方120ページ）
③野沢菜と大豆のピリ辛炒め（作り方120ページ）
④牛すね肉の薬味だれ（作り方121ページ）
⑤豆苗の炒め物（作り方121ページ）
⑥くるみのデザート（作り方122ページ）

①

⑤

むかごは山いもの葉腋にできる豆状の小さな珠芽。煮込むと粘りが出てとろりとしたおかゆになり、ほのかな苦みがまたおいしいのです。

●材料と作り方

米……………………… 2/3カップ
むかご…………………… 100g
水…………………… 8カップ

①米をきれいに洗って土鍋に入れ、水を加えて中火にかけ、底全体をかきまぜ、沸騰したら弱火にして蓋をして40分ほど煮ます。途中で2～3回、底から静かにまぜます。

②むかごを洗って①に加え、さらに20分煮ます。

おかずには、しょうがが風味のゆで鶏と九条ねぎのあえ物を。

●さっぱりした味のおかゆには薬味を。豆腐を赤こうじ、香辛料、塩などで漬けた紅腐乳《ホンフールー》、塩ピーナッツ、ピータン、香菜などが合います。

ゆで鶏と九条ねぎのあえ物
（作り方122ページ）

むかごのおかゆ

山薬粥《シァンイァオジォウ》

乾物野菜のおかゆ

山家粥《シァンジアジォウ》

金《ジン》針《ジエン》菜《ツァイ》と干したけのこを使った、素朴なおかゆ。さっぱりしていて、いくらでも食べられます。

金針菜は、ユリ科のかんぞうの一種のつぼみをゆでて乾燥したもの。新しいものは、金の針の名にふさわしくオレンジ色をしています。

干したけのこは、九州名産品を使ってみました。

●材料と作り方

米……………………2/3カップ

干したけのこ……………15g

金針菜…………………15g

水……………………8カップ

①干したけのこを洗い、たっぷりの水（分量外）に4時間ほどひたしてやわらげ、水をかえて洗い、小口からごく薄く切ります。

②土鍋にたけのこを入れ、水を加えて中火にかけ、沸騰したら火を止めて、そのまま2時間ほどおいてやわらかくもどします。

③金針菜もたっぷりの水に10～20分ひたしてやわらかくもどし、かたい部分をちぎり取り、洗って水けをきります。

④米を洗って②の土鍋に加え、③の金針菜も加えて中火にかけます。底全体をかきまぜ、沸騰したら弱火にして蓋をし、1時間ほど煮ます。途中で2～3回、底から静かにまぜます。

干しいちじくのおかゆ

干無花果粥《ガンウーホアグオジョウ》

北京では干した果物がとても多く出回ります。干した果物は、味や香りが濃縮されていて、そのままでは味が濃すぎるように思います。

そのうえ、カルシウム、鉄、ミネラルなどが豊富で栄養価が高く、食物繊維やペクチンを多く含むので整腸作用もあります。干しりんご、干し柿、干しぶどうなどで応用できます。こうした味の強い干した果物をおかゆに加える場合は、主材料の穀物はお米が無難です。

おかずには、さっぱりしょうゆ味のかじきの炒め物を。

●材料と作り方

米……………………………………$\frac{2}{3}$カップ
干しいちじく……………………6個
水……………………………………8カップ

①米は洗い、干しいちじくは1㎝厚さの輪切りにします。

②土鍋に①と水を入れて中火にかけます。熱くなってきたら鍋につかないように底全体をまぜ、沸騰したらあとは弱火にして蓋をし、1時間ほど煮ます。途中で2～3回、底から静かにまぜます。汁に粘りが出ていちじくもやわらかになったら、でき上がりです。

かじきの炒め物（作り方123ページ）

なつめとはすの実のひえがゆ

稗蓮子粥《バイリアンズジォウ》

なつめのほんのりした甘さが、心も体もやすらぐおいしさ。干しなつめは種類、大きさがさまざまですが、小さくて見てくれの悪いものが味は断然よいのです。

ひえは独特のにおいがあるため、重曹を使って下ゆでして消します。

●材料と作り方

ひえ……………………1カップ
はすの実………………30個
干しなつめ……………20個
水………………………8カップ
重曹……………………小さじ1/2

①ひえとはすの実を別々に洗って鍋に入れ、たっぷりの水（分量外）と重曹を加えて中火にかけ、沸騰後2～3分ゆでてアクを出します。

②①のゆで汁をきります。

③土鍋に②、洗った干しなつめを入れ、分量の水を加えて中火にかけます。鍋につかないように底全体をかきまぜ、沸騰したら弱火にして蓋をして1時間煮ます。途中で2～3回、鍋底から静かに混ぜます。

④ひえの粒がふくらんで、花が咲いたように皮がはじけていたら、火を止めます。

牛肉のそぼろ（作り方123ページ）

三色豆のおかゆ

三豆粥《サンドウジョウ》

中国では「豆のアクも味のうち」で、豆のゆでこぼしはしません。

また豆を煮るときのコツは「豆が寝てもいいけれど、おどってはいけません」と言います。豆は強火で煮ないということです。また湯につけておくのもそのためです。

●材料と作り方

きび……………………$1/3$カップ
黒豆……………………$1/3$カップ
あずき…………………$1/3$カップ
緑豆……………………$1/3$カップ
水………………………8カップ

①黒豆を洗って鍋に入れ、水を加えて中火にかけ、沸騰したら火を止めて蓋をし、一晩おきます。
②①の鍋を中火にかけ、沸騰したら弱火にして1時間煮ます。
③あずきを洗って②に加え、蓋をして弱火で30分煮ます。
④緑豆ときびを洗って③に加え、中火にして、底全体をかきまぜて沸騰させ、弱火にして蓋をして1時間煮ます。途中で2～3回、底から静かにまぜます。豆類がやわらかくなれば炊き上がりです。

●北京的粥事情●

庶民の朝がゆ

おかゆはいつごろから、中国の庶民の食べ物になったのでしょう。春秋時代（紀元前七世紀ごろ）の記録に「穀物を蒸したのが飯、煮たものが粥」という記述があるということですから、大昔から食べられていたのは確かです。

▲冬の朝、粥の字そのままに湯げに包まれた朝食屋さん。

粥の字は象形文字で、中央の米は穀物全般を、左右の弓は湯げをあらわします。上の写真のような光景を見ると、ほんとにそのまんまですね。

ひとの体は大地に含まれている元素で作られています。でも私たちは、土を直接食べて栄養にすることはできません。ですから大地で育った植物を通して、体内にとり入れるのです。肉類もさかのぼれば、結局は植物にたどりつきます。

その植物のなかで、もっとも養分の多いのは種子、つまり穀物です。それは植物が自分の種を残すために、もてる力のすべてを種子に注ぐからです。

荒れ地でも、寒冷地でも、穀物はそれなりに収穫できます。収穫した穀物を乾燥して保存し、ただ煮炊きをして食べるおかゆ。料理としてはとても原始的ですが、それがひとの長寿を助け、同時におかゆ自身も長寿を保ってきた理由なのでしょう。

粥の文字に見られるストレートな表現は、昔のひとが、食べ物ってこんなもんだよ、と教えてくれているように思えます。

▶もっともポピュラーな早点（朝食）。メニューは揚げたての油餅、鹹蛋にあわと米のゆるいスープがゆ。質素だが三種類の穀物、油、タンパク質、体をあたためるスープと、効率はいい。

◀スープのように薄い八宝がゆ。

冬のおかゆは体をあたためる

焼きいものおかゆ

烤白薯粥

カオバイシゥージョウ

北京でも、冬になると焼きいも売りが町のあちこちに出て、人々は歩きながら食べています。北京の焼きいもは糖分がとても多くてやわらかく、食べるのも「ズルズル」という感じです。

焼きいものおかゆは、わが家の冬の定番。家にいるときはおかゆは鍋で煮ますが、仕事のある日は炊飯器にセットして出かけ、帰りに焼きいもを買うのです。

お碗においもをざっとほぐして入れ、炊けているおかゆをドブド

●材料と作り方は4人分

ブかけて、熱いところをハフハフ。寒さも疲れもとんで、幸せな気分になります。

●材料と作り方

米……………………1カップ
焼きいも……………………適宜
水……………………8カップ

①米を洗って土鍋に入れ、水を加えて中火にかけ、鍋底全体をかきまぜて米がつかないようにし、沸騰したら弱火にして蓋をして40分ほど煮ます。途中で2～3回、鍋底から静かにまぜます。米粒がふっくらして、粘りがほどよく出たら炊き上がりです。

②焼きいもの皮をむいて適当にちぎり、器に入れて、熱いおかゆをかけます。

干し柿のおかゆ

柿餅粥《シービンジョウ》

おかゆを口にしたときの、うっすらとした甘さと、とろけるようなやわらかさがたまりません。

干し柿は、やわらかくて大きなものより、小さめで、よく乾いていて、そのままで食べるには少しかたいくらいのものが、おかゆにしておいしいのです。

●材料と作り方

米…………………………⅔カップ
干し柿…………………………小8個
水…………………………8カップ

①米を洗って土鍋に入れ、水を加えます。干し柿もへたと種を除いて適当にちぎり、加えます。

②土鍋を中火にかけ、鍋底全体をかきまぜて底につかないようにし、沸騰したら弱火にして蓋をして40分煮ます。途中で2～3回、鍋底から静かにかまぜて焦げつかないようにします。

きんかんのおかゆ

金桔粥《ジンジュージョウ》

のどの痛みやせきなどを治し、予防効果もあるきんかんを丸ごと煮込みます。寒さが厳しく、空気が乾燥する冬の北京に暮らす人々の知恵が生み出した、すばらしいおかゆの一つ。甘ずっぱい香りが家の外までただよい、「きんかんのおかゆだ」と、すぐわかったものです。

水を多めにして、夜食のスープのように、飲めるおかゆにします。のどがうるおい、体がポカポカあたたまって、ぐっすり眠れます。

●材料と作り方

もち米……………… $2/3$カップ
きんかん………………8個
水………………10カップ

①もち米を洗って土鍋に入れ、水を加えます。

②きんかんを洗い、1個ずつ包丁の腹を当てて軽く押しつぶしてひびを入れ、①に加えます。

③土鍋を中火にかけ、鍋底全体をかきまぜてくっつかないようにし、沸騰したら弱火にして蓋をして1時間煮ます。途中で2~3回、鍋底から静かにまぜます。

みかんの干し皮のおかゆ

陳皮粥《チェンピージョウ》

みかんの皮を干したものを陳皮《ちんぴ》といい、かぜに効く漢方薬としてごく一般的なものです。北京の家庭では、スチーム暖房器の上にみかんの皮をおいて干すのはあたりまえ。家じゅうにいい香りが流れています。干しあがると、お茶、スープ、料理などに使うのです。

　お米の甘みの中に、かすかに感じるみかんの皮のほろ苦さと酸味。このおかゆは微妙な味の世界ですが、この味がわかるようになると、食生活はきっと変わると思います。

●材料と作り方

米……………………………1カップ
みかんの干し皮…………2個分
水……………………………8カップ

①米を洗って土鍋に入れ、水を加えて中火にかけ、鍋底全体をかきまぜてくっつかないようにし、沸騰させます。

②みかんの干し皮を洗って①に加え、弱火にして蓋をして40〜50分煮ます。途中で2〜3回、鍋底から静かにまぜます。

●みかんの皮には農薬やワックスがついているものもあります。皮をむく前によく洗っておきます。

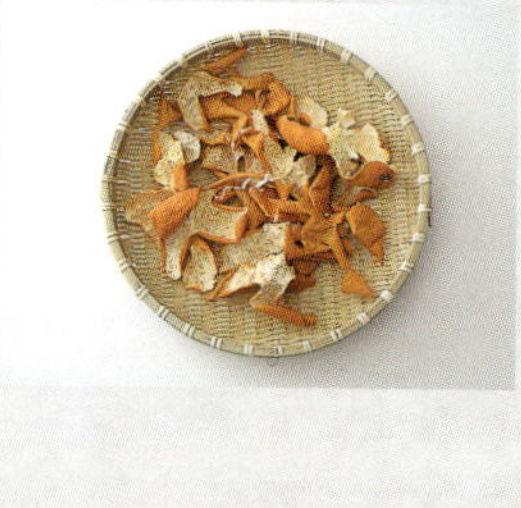

干ししょうがのおかゆ

干姜粥　ガンジァンジォウ

しょうがの香りが食欲をそそり、食べれば体をあたためてくれるおかゆ。北京の人は、はちみつを少々かけますが、しょうがとはちみつは意外と相性がよく「とても体にいい」ように思えます。

母は「干したものはだしがよく出て香りもよくなる」と、いつも新鮮なものと干したものを上手に使い分けていました。このおかゆには、干したしょうががおすすめですが、なければ生のでどうぞ。

●材料と作り方

もち米……………………1カップ
干ししょうが…………2～3かけ
はちみつ………………………適宜
水………………………10カップ

①もち米を洗って土鍋に入れ、水を加えて中火にかけ、鍋底全体をかきまぜて底につかないようにして、沸騰させます。

②干ししょうがを洗って手で小さく割り、①に加え、弱火にして蓋をして1時間煮ます。途中で2～3回、鍋底から静かにまぜます。

③おかゆを器に盛り、はちみつを少量かけます。

●干ししょうがはしょうがを干して作ります。

ラーバージオウ

臘八粥

中国のお正月は旧暦の十二月八日（臘月八日）から始まり、その最初の日に必ず食べるおかゆです。家々で異なりますが、「よいことがいっぱいあって、豊かな実りでありますように」との新年の願いを込めて、穀物や豆類を含め、8種の材料を使うのが一般的です。

●材料と作り方

もち米……$\frac{1}{2}$カップ
大豆……$\frac{1}{3}$カップ
あずき……$\frac{1}{3}$カップ
はすの実……20個
干しなつめ……20個
生ピーナッツ……30個
むきくるみ……20g
ゆり根……1個
水……10カップ

①大豆を洗い、水（分量外）に1時間ほどひたしてふやかします。

②あずき、はすの実、干しなつめをさっと洗い、土鍋に入れます。大豆、生ピーナッツ（薄皮がついているものはむきます）、くるみ、水を加えて中火にかけ、沸騰したら弱火にして蓋をして40分ほど煮ます。材料がふっくらとやわらかくなるまで煮ます。

③もち米を洗って②に加え、弱火で蓋をしてさらに1時間煮ます。途中で2～3回、鍋底につかないように静かにまぜます。

④豆類の皮が割れ、もち米の粘りが出ていたら、ゆり根を小片に分けて、③に加えます。ゆり根に火が通るまで10分くらい煮て、でき上がり。

七草がゆ

七草粥《チーツァオジョウ》

中国には、日本のような七草がゆの風習はありません。日本で家庭を持つようになって、一月七日の七草がゆの日には、北京風の野菜がゆを日本の七草を使って作ります。

　お米を炒めてから煮るため、香ばしく口当たりがとてもサラサラ。お餅を入れることもあります。

●材料と作り方

米……………………1カップ
七草セット…………1パック
水……………………6カップ
サラダ油　塩

①米を洗って水けをきっておきます。

②炒め鍋にサラダ油大さじ2を熱して米を炒めます。香ばしく色づくまでよく炒めます。

③土鍋に②を移し、水を加えて火にかけ、沸騰したら弱火にして蓋をし、15分ほど煮ます。

④七草を洗って刻み、③に加えます。塩小さじ1/2も加え、5分ほど煮ます。

●「春の七草」は、せり、なずな、ごぎょう、はこべら、ほとけのざ、すずな、すずしろの七種。青菜を150gほど適宜とり合わせてもよいでしょう。

くわいのおかゆ

馬蹄粥《マーティージォウ》

日本のくわいは皮をむくと黄色で、加熱するとホクホクの食感があります。中国の馬蹄くわい（大《おお》黒《くろ》くわい）は白く、シャリシャリした歯ざわりで、形は似ていてもまったく違います。

　中国料理でくわいをよく使うのは、その歯ざわりをことのほか楽しむことにあるようです。中国のくわいがカン詰めで輸入されていますから、ぜひ作ってみてください。とろりとしたおかゆの中にあらわれ出るシャリ感が妙にあとを引くおいしさです。

●材料と作り方

米…………………………1カップ
くわい（カン詰め）…………150g
水…………………………6カップ

①米を洗って土鍋に入れ、水を加えて中火にかけ、底全体をかきまぜて底につかないようにし、沸騰したら弱火にして蓋をして30分ほど煮ます。途中で1〜2回、底から静かにまぜます。

②くわいに包丁の腹を当ててたたきつぶし、①に加えて、弱火で蓋をしてさらに20分ほど煮ます。途中で底から静かにまぜます。

干しりんごのおかゆ

蘋果干粥《ピングオガンジョウ》

中国では「りんごは果物の王様、男女老幼、いくら食べてもよい」といいます。甘ずっぱい味と香りのこのおかゆは、煮ているときから食欲をそそります。

一般に売られている干しりんごは砂糖を加えたものが多いため、ここでは無添加のただ干しただけのチップスを使いました。おかゆに煮ると、ご覧のようにりっぱなりんごの薄切りにもどります。

●材料と作り方

米……………………1カップ

干しりんごのチップス……10g

水……………………8カップ

①米を洗って土鍋に入れ、水を加えて中火にかけて底全体をかきまぜて底につかないようにします。沸騰したら弱火にし、蓋をして20分ほど煮ます。途中で1～2回、底から静かにまぜます。

②干しりんごチップスを4つ切りにし、①に加えて、弱火で蓋をしてさらに30分ほど煮ます。途中で底から静かにまぜます。

黒豆のあわがゆ

黒豆粥《ヘイドウジォウ》

黒豆は、日本のお正月の黒豆のようにむずかしく煮るとは限りません。北京っ子は、普通の豆と同じように使います。

また、煮豆には大豆を使いますが、おかゆには黒豆をよく使います。それは、黒豆がほかの豆にくらべて味が豊かなせいもありますが、黒豆がお肌によい、という女性の気持ちが強いからです。

●材料と作り方

米……………………1/3カップ
あわ…………………1/3カップ
黒豆…………………1/3カップ
水……………………8カップ

①黒豆を洗って土鍋に入れ、水を加えて火にかけ、沸騰したら火を止め、蓋をして3時間おきます。

②鍋を再び火にかけ、沸騰したら弱火にして1時間ほど煮ます。アクの泡が浮いたら除きます。

③米とあわを別々に洗って、②に加えます。いったん中火にして、底全体をかきまぜてつかないようにし、沸騰させたら、弱火にして蓋をして1時間ほど煮ます。途中で2～3回、底から静かにまぜます。豆がやわらかくなったら炊き上がりです。

里いもの麦がゆ

芋頭粥《ユイトウジョウ》

押し麦は消化がよいのですが、それだけではパサパサして食べにくいもの。里いもといっしょにおかゆにすると、粘りがついてとても食べやすく、おいしいおかゆになります。

●材料と作り方

押し麦……………………1カップ
里いも……………………8個
水…………………………8カップ

①押し麦を洗い、たっぷりの水（分量外）にひたして1時間おき、ざるに上げて水をきります。

②押し麦を土鍋に入れ、水を加えて中火にかけ、底全体をかきまぜて底につかないようにし、沸騰したら弱火にして蓋をして20分ほど煮ます。途中で1～2回、底から静かにまぜます。

③里いもの皮をむいて二つか三つに切り、②に加えて、弱火で蓋をしてさらに20分ほど煮ます。途中で底から静かにまぜます。里いもに火が通れば炊き上がりです。

赤米とあずきのおかゆ

双紅粥《シュアンホンジョウ》

赤米《あかごめ》は粘りの少ないお米ですが、あずきと煮ることで、お汁粉のようになって食べやすくなります。香りもよくなります。

北京では「夏の緑豆、冬のあずき」と言われるように、冬にはあずきをよく食べます。おかゆにしてみると、あずきの味のよしあしがよくわかります。豊かな味のあずきはおかゆで食べるのがいちばんです。

●材料と作り方

赤米……………………1/2カップ
あずき…………………1/2カップ
水………………………8カップ

①赤米を洗って土鍋に入れ、水を加えて1時間ほどおきます。

②あずきを洗って①の土鍋に加え、中火にかけます。底全体をかきまぜて底につかないようにし、沸騰したら弱火にして蓋をして1時間30分ほど煮ます。途中で2〜3回、底から静かにまぜます。

くるみがゆ

核桃粥《ホァータオジォウ》

くるみは脂肪やタンパク質が多く、ミネラルも豊富で栄養価の高い食品。このおかゆを一口すすっただけで、くるみの滋養が体のすみずみまで行き渡るような気がします。好みで氷砂糖を添えます。

くるみに限らず、ひまわりの種、ごまやピーナッツなどのナッツ類を食べると頭がよくなると言われ、子供に熱心に食べさせる母親や祖母は少なくありません。また産後の回復にもよい食品です。

●材料と作り方

米……………………………1カップ
むきぐるみ…………………50g
水……………………………8カップ
氷砂糖(好みで)……………適宜

①米を洗って土鍋に入れ、水を加えて中火にかけ、鍋底からかきまぜて底につかないようにし、沸騰したら弱火にして蓋をして30分ほど煮ます。途中で1～2回、底から静かにまぜます。

②くるみをきれいなフライパンでからいりし、皮を除いて、すり鉢でざっとすりつぶします。

③くるみを①に加え、弱火で蓋をしてさらに20分ほど煮ます。1～2回、底から静かにまぜます。

きびと白いんげんのかゆ

黄米豆粥《ホアンミードウジォウ》

白いんげんは、豆類の中ではさっぱりしてくせのない豆です。おかゆやスープにはとても使いやすいと言えます。

北京では「吃肉餅喝豆粥《チーロウビンホアードウジォウ》」とよく言われます。

「ロウビンを食べようか、じゃ、豆のおかゆもいっしょにね」といった、日常の会話です。

このおかゆといっしょにおすすめしたいロウビンとおかずを後のページでご紹介します。

●材料と作り方

きび……………1/2カップ
白いんげん……1/2カップ
水………………10カップ

①いんげん豆は洗って水けをきり、分量の水と鍋に入れ、火にかけます。沸騰したら蓋をして火を止め、30分くらいつけておきます。

②きびはよく洗って①に加え、再び火にかけて、煮立ってきたら鍋底につかないように底からまぜます。沸騰したら弱火にし、蓋をして1時間煮ます。途中2、3度手早く静かに底からまぜます。

③きびといんげん豆が花が咲いたようにはじけて、汁にも粘りが出ていましたらでき上がりです。

ロウビン(肉餅)(作り方124ページ)
小えびとブロッコリーの炒め物(作り方125ページ)

北京的民間食療とおかゆ

●薬食同源

「うちの子はやせていて、顔色がよくないし、食欲がなくて……」とお年寄りに聞くと、「押し麦のお粥を食べさせたほうがよいでしょう」とすぐに言います。なんだか皆お医者さんみたいです。薬食同源のお国柄でしょうか。

食べ物で病気を防いだり、病気を治したりすることを食療といいますが、中国医学の食療もあり、民間の食療もあり、薬で治す医療と、同時並行して実践されています。なるべく体によいものを選択して食生活をするということが長い歴史の経験に裏づけられて今に生きています。

●お通じはどう?

病気になって中医（中国医学の医師）を受診すると、病名に関係なくまず患者に尋ねるのは「お通じどう?」です。食べる—出るがよい循環をすれば病気になりにくい、というのでしょう。

中医の出す薬は何段階かあり、第一段階はだいたい通便の薬が多いと言われています。第二段階以後には、その病気、病状に対しての薬をくれるようです。

日常会話でも「元気ないみたい」「お通じがちょっと……」などと、健康にはたいせつなことです。

中国に旅行すると、たちまち、「定期便になるよ」と言う日本人の友人は大勢います。

●塗るより食べる

きくらげ（銀耳）は女性の美容食に欠かせません。思い出すと、20年くらい前話題になった美容クリームに「銀耳珍珠霜」がありました。そのころは私は大学生だったのです。値段も高く、私にはちょっと手が出ませんでした。でも母の日にどうしてもプレゼントしたくて、無理をして買いました。「しわもとれるから」と母に手渡すと、「そうですか」と軽く答えてくれました。

しばらくしたある日、母が白きくらげのデザートを作ってくれました。とろっとして白くておいしい、と言ったら、父が「これが100%の銀耳霜だよ」。

●青春豆

肌のトラブルは内臓の胃や脾臓などの調子のよくないときにあらわれると中国では考えられています。体に毒がたまれば、肌に出るのは当然と思われています。その消炎解毒に欠かせないのが、はとむぎです。

「青春豆与薏苡仁」（にきびにはとむぎ）とよく言います。新陳代謝が旺盛な成長期ですが、代謝のリズムがちょっと狂って体にたまると、たちまち青春豆が出ます。青春豆が出ないうちに先手を打ってはとむぎを食べさせるお家も多いと思います。特に女性はときどきはとむぎを食べておくとよいと、言われています。

●父さんのしょうがかゆ

父は科学者ですが、東洋医学を信じて、よく勉強しています。体調のよくないときの食べ物のお話が得意です。実際には、言うほど作れません。それで家族からは「有理論没実践」の「中医」と言われています。でもしょうがのおかゆはかぜぎみのときによく作ってくれました。簡単なのにおいしくて、きっとご自分でも飲みたい気持ちで作ってくれたのかもしれません。いつもいっしょに飲んでいました。（93ページ）

●酢の風

私の母は、のどが痛い、せきが出るなど風邪《かぜ》はすべて空気のせいにします。外はどうにもならないのですが、家では家族のだれかがかぜをひくと、母は酢を入れた水の容器を暖房器にのせて蒸発させます。酢の空気でかぜの退治をするのだと言います。そのにおいはあまり好きになれないのですが、確かにのども体も楽になってくれるので、納得します。母は昔からの言い伝えのようなことは頑張ってやっています。

流行性感冒がはやり出したと聞くと、かならず家の空気に酢が流れています。かぜは万病のもと、とにかく退治！　その線上に酢入りのねぎのおかゆ（93ページ）も登場してくるのがわが家のおきまりです。

●五穀雑糧と黒色食品

物がない時代は、五穀雑糧（米と小麦以外のもの。雑穀）が日常的なものでしたが、生活が豊かになってきて、あまり食べなくなりました。

現代病の増加とともに、社会的な声が出てきて、「〝五穀雑糧〟を食べよう」と、見直されています。

便利な商品も出てきて、とてもおもしろい名前がつけられています。代表的なのは「黒五類」です。文化大革命の時代には、「地（主）、富（農）、反（革命）、壊（分子）、右（派）」の黒五類の人がいました。ということは、文革のとき悪い人と言われた人は、ほんとうはいい人だった、という意味です。

日本でも健康食品の「黒五類」が売られているのにはびっくりしました。

民間では昔から黒い食品には特別のうまみとより強い効能があると考えられています。確かに白い大豆より黒豆のほうが味がこまやかです。白いもち米より、赤米、赤より紫米のほうが濃い味です。

黒色食品は民間食療の期待感が濃い食品です。

ちなみに中国の黒五類は黒米、黒豆、黒ごま、黒松の実、黒カリンなどです。

●西太后？

昔は、中国の女性はあまり重視されていませんでしたが、産後だけはたいせつに扱われていました。

産後一カ月の間は、かたいものを食べてはいけない、風に当ててはいけない、冷たいものを食べてはいけない、冷たい水にさわってはいけない、不愉快な思いをさせてはいけない、とかいろいろありました。

産後のお母さんが食べるものは、ひとりのためではなく、赤ちゃんの成長や健康にも直接影響するので、食事は体に優しい、食べやすい、栄養がたっぷりで、お乳の出もよいように作ります。手間のかかるのはあたりまえと思われています。

実家に帰って産後を過ごす人が多いのですが、夫のお母さんに世話をしてもらう場合もあります。中国でも嫁姑の間には考え方の違いや感情的なイザコザが皆無、などということはありません。それでもこの時期は大休戦です。お姑さんも献身的に尽くします。

「産婦さんは西太后ですよ」と冗談に言います。

理由はわかりませんが、男の子を生んだときは29日で回復する、女の子は30日かかる、女の子のほうが母体の負担が大きい、と言われます。

私も母が中国から来て世話をしてくれました。母が言いますには、お産のあと多少無理をしても、そのときはさほどでない、でも年をとったときに必ず影響が出るからこわい、と。

私から見ますと、日本の女性は産後、早くから働きすぎているようで心配に思うことがあります。

産後の食べ物ですが、主食はおかゆをよく食べます。それからくるみ、ごまなどの種実、黒砂糖などは産後の常食です。特にくるみと卵と黒砂糖を蒸したプディングのようなもの（122ページ）は代表的です。

中国民间儿疗图解
著
刘秀惠 程永德 程广德
北京民間食療

民間食療のおかゆ

●特に明記しない限り、4人分です。

目のために

明目がゆ
明目粥《ミンムージョウ》

北京には固有の名のある、よく知られたおかゆがいくつもありますが、この明目粥もその一つです。目を使う職業の人、年をとって目の疲れやすい人には、この明目粥は日常食です。

明目粥に入れる薬料は干した菊花とクコの実です。

菊花は目に効くとされ、ハーブティーのように飲料としても用いられます。クコの実（枸杞子《くこし》）も中薬（漢方薬）で、目に効くことで知られ、ドライフルーツのような感じで使われます。

●材料と作り方

米……………………………1カップ
干し菊花……………………5g
クコの実（枸杞子）………20g
水……………………………8カップ

①米を洗って水をきり、鍋に入れ、分量の水を入れます。干し菊花も入れて火にかけ、沸騰させながら底につかないようにまぜます。蓋をして弱火で40分くらい煮ます。

②クコの実は水で軽く洗い、水けをきって、①に入れ、5分くらい煮たら火を止めます。

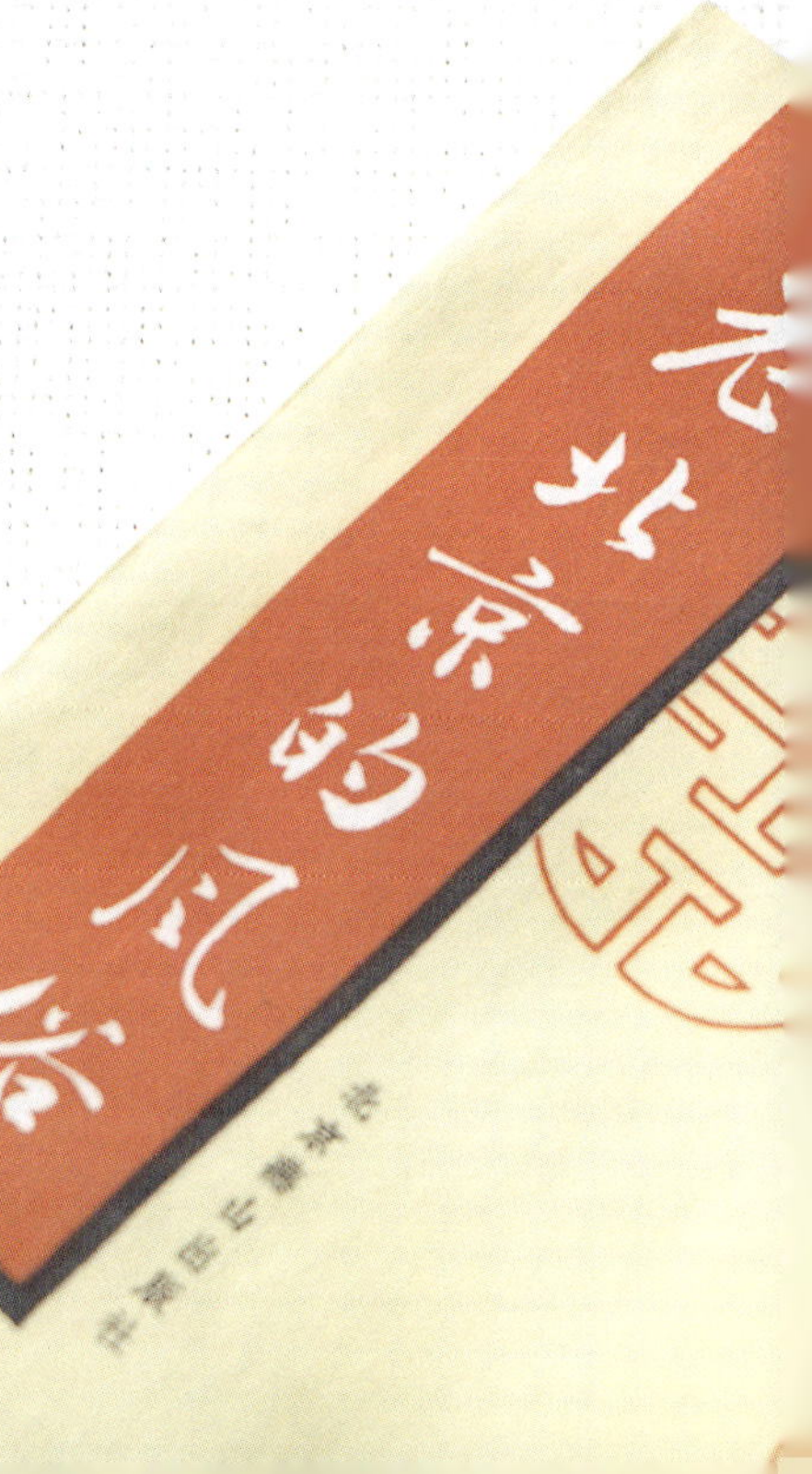

お肌のために

はとむぎとあずきのおかゆ

薏苡仁紅豆粥《イーイーレンホンドウジォウ》

なつめの甘い香り、あずきの赤い色。粘りけはありませんが、さっぱりしておいしいおかゆです。

●材料と作り方

はとむぎ……………1/2カップ
あずき…………1/3カップ
はすの実……………20粒
なつめ……………20粒
水……………10カップ

①材料は別々に洗って水けをきり、全部を鍋に入れます。分量の水を注いで強火にかけ、沸騰したら火を止めて、2時間つけておきます。
②再び火にかけて、沸騰したら弱火にして、蓋をして1時間半煮ます。

八仙がゆ

八仙粥《バーシァンジォウ》

たくさんの材料をとり合わせたこのおかゆは、美容がゆの代表格です。肌に直接働くと同時に、便通をととのえて内側からもきれいにします。ほんのり甘く材料の味がとけ合っています。

●材料と作り方

はとむぎ……………1/3カップ
黒豆……………1/3カップ
コーンの半割り……………1/3カップ
なつめ……………20粒
はすの実……………20粒
水……………8カップ

①はとむぎと黒豆は、洗って水けをきって、たっぷりの水（分量外）を注ぎ、火にかけます。沸騰したら、火を止めて、蓋をしたまま3〜4時間つけておきます。
②①のつけ水を捨てて、分量の水を入れます。コーンの半割り、洗ったなつめ、はすの実も加えて再び火にかけて沸騰させます。弱火にして蓋をして2時間煮ます。

　肌がトラブルを起こしたときに欠かせないのははとむぎです。「消炎解毒」の効能が高いそうです。中国医学では、肌のトラブルは内臓の胃や脾臓などの調子がよくないときにあらわれると言います。体内に毒がたまれば、肌に出るのは当然と思われています。もう一つは必ずしも顔だけでなく、病気としてのできものに効果的として中国医学ではよく使います。

　女性はときどきはとむぎを食べると肌荒れや病気を防ぐというのは一般的な常識です。

はとむぎと白きくらげのおかゆ

薏苡仁銀耳粥《イーイーレンインアールジョウ》

　美容によいものといったら白きくらげです。白きくらげのとろみでいただくスープのようなおかゆです。

●材料と作り方

はとむぎ……………… $2/3$ カップ
白きくらげ（乾物）……… 10g
水……………………… 10カップ

①はとむぎは洗って水けをきり、分量の水で煮ます。沸騰したら火を止め、蓋をして2時間ほどつけておきます。
②白きくらげは水に30分くらいつけてもどします。
③はとむぎがふっくらしたら、②の水けをきって加え、再び火にかけて、沸騰したら弱火で2時間煮ます。白きくらげがとけたら、はとむぎもやわらかくなっているので火を止めます。

感冒に

かぜをひいたら、体をあたため、水分をとります。そのときにお粥ほどいいものはありません。

かぜの症状や体調によって、せき止めや、熱さましの効用のある香辛料（中薬）や香味野菜、果物などをおかゆに入れてとるのが北京式です。

なしのおかゆ

梨粥《リージォウ》

なしは清熱化痰（熱さましと痰《たん》切り）の効能が強いそうです。簡単に作れておいしいおかゆです。

●材料と作り方

米……………………1カップ
なし…………………大1個
水……………………8カップ

①米を洗って水けをきります。
②鍋に米と水を入れて火にかけ、沸騰したら底からまぜて、弱火にし、蓋をして40分煮ます。
③なしは皮をむいて、2〜3㎜の薄切りにします。
④②に粘りが出て、米もふっくらしてきたら③を入れて、5分ほど煮たらでき上がりです。

ねぎのおかゆ

葱白粥《ツォンバイジョウ》

ねぎの甘みと酢の味がとてもよく合って、おいしいので、北京の冬の定番おかゆの一つです。

●材料と作り方

もち米……………………1カップ
長ねぎ……………………1本
しょうが…………………10g
酢…………………………大さじ1
水…………………………9カップ

①もち米を洗って水けをきります。
②ねぎは3cm長さに、しょうがはみじん切りにします。
③鍋に①②と水を加えて火にかけます。底からまぜて沸騰したら、弱火にして、蓋をして40分煮ます。
④でき上がり直前に酢を入れて火を止めます。

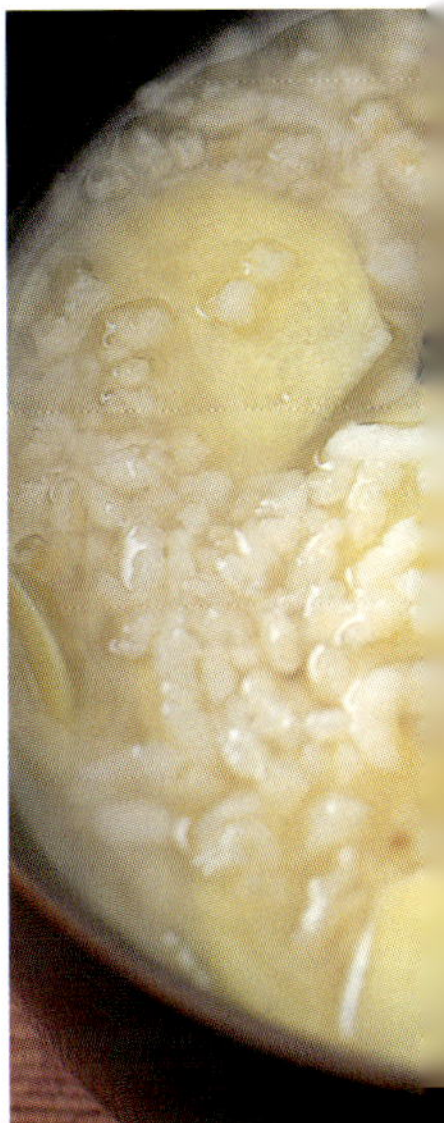

しょうがのいり米がゆ

生姜炒米粥《シェンジァンチァオミージョウ》

とても体をあたためるおかゆです。いったお米は香ばしく、おかゆにすると粘りが消えてサラサラになります。少し苦みが出るので、黒砂糖をかけると食べやすくなります。

●材料と作り方

米…………………………1カップ
しょうが…………………50g
水…………………………7カップ
黒砂糖(好みで)…………適量

①米を洗って水けをよくきって、フライパンで薄くきつね色になるまでからいりします。
②鍋に移し、しょうがの薄切りを入れ、分量の水を注いで火にかけます。沸騰したら弱火にして蓋をしたまま30分煮ます。

便秘に

中国では、健康を維持するには、体内の毒素を外へ出すのが、最もたいせつなことだと思われています。上火（シャンホワ）ということがよく言われます。これは体の中にたまった毒素が、体の表面に出てくる状態のことです。気分がすぐれない、肌にぶつぶつができる、熱っぽい、だるい、などはみんな上火の症状と思われます。こういうときは、下火（シャーホワ）するとよい、と言われます。下火は、そうした毒素を体外に排出することです。

便秘を直すというより、いつも通じをよくしておくことが、日常の健康管理の基本です。

紫米とさつまいものおかゆ

紫米白薯粥　ズーミーバイシゥージォウ

紫米《むらさきごめ》（黒米《くろごめ》）ももち米ですが、白いもち米より、かたくて繊維が多く、お通じがよくなります。

●材料と作り方

紫米……………………$\frac{2}{3}$カップ
さつまいも………………150g
水……………………10カップ

①紫米は洗って水けをきり、鍋に入れて分量の水を注ぎ、強火にかけます。沸騰したら火を止め、蓋をして1時間つけます。
②再び火にかけて、沸騰したら蓋をして1時間半くらい煮ます。
③さつまいもは皮をむいて1㎝角に切ります。②の粘りが出て、米粒が割れてきたところへ入れ、20分くらい煮ます。

干しバナナのおかゆ

白米香蕉干粥《バイミーシァンジァオガンジォウ》

バナナがお通じによいのは、世界じゅうの人がご存じのようです。北京はバナナの産地でないので、干しバナナをよく食べます。

●材料と作り方

米……1カップ
干しバナナ……4本
水……6カップ

①米は洗って水けをきり、鍋に入れます。干しバナナは5㎜厚さの輪切りにして加え、分量の水を入れます。

②鍋を火にかけ、鍋底につかないようにまぜ、沸騰したら弱火にして蓋をし、40分ぐらい煮ます。

コーンと干しにんじんのおかゆ

玉米胡蘿蔔干粥《ユイミーホールオボガンジォウ》

コーンは繊維が多くお通じにはとてもよいものです。にんじんも胃腸の働きを助けます。

●材料と作り方

コーン半割り……1カップ
干しにんじん……2本
水……8カップ
(干しにんじんは32ページ参照)

①干しにんじんは洗って1㎝角に切ります。

②鍋にコーンと分量の水を入れ、火にかけて沸騰したら火を止め、蓋をしたまま1時間つけます。

③①を②に加えて、再び火にかけ、沸騰したら弱火にして蓋をし、1時間煮ます。粘りが出て、にんじんもふっくらしたら火を止めます。

産後に

産後は、体調が回復するまでの約一カ月は、とてもたいせつに養生します。

食事は、消化のよい、食べやすい、栄養がたっぷりで、母乳の出もよいようにと作ります。産婦ひとりでなく、食べたものはすべて赤ちゃんにも影響します。

くるみとあわのおかゆ

核桃小米粥《ホァータオシァオミージォウ》

くるみともち米は産婦の食事の定番です。そしてあわは、もち米よりもビタミンや食物繊維が多いと言われます。産後の体調がよくなりますし、母乳栄養の場合は、赤ちゃんの肌にもよいと言われています。黒砂糖もともに滋養があります。

●材料と作り方(1人分)

あわ……………………1/3カップ
くるみ…………………………20g
水……………………………3カップ
黒砂糖……………………………適宜

①くるみは水につけて薄皮をむきます。ミキサーで、水1カップを加えてつぶします。
②あわはよく洗って水けをきり、鍋に入れて火にかけ、鍋底につかないようにかきまぜ、沸騰したら弱火にして蓋をして40分煮ます。
③あわがふっくらして、汁にも粘りが出てきたら、①を加えて、さらに20分くらい煮ます。
好みで黒砂糖をかけます。

グリンピースのおかゆ

鮮青豌豆粥《シャンチンワンドウジョウ》

新鮮なグリンピースはお乳の出をよくすると言われています。豆はふつうは乾物なのにこの場合は別です。白きくらげは中国医学では滋陰潤肺の効があるとされ、またお肌によいと思われています。

●材料と作り方(1人分)

もち米……………1/3カップ
白きくらげ(乾物)……………5g
グリンピース(新鮮)……………30g
水……………3カップ

①もち米は洗って鍋に入れ、水でもどした白きくらげを加えて火にかけ、鍋底につかないようにまぜて、沸騰させます。弱火にして蓋をし、50分くらい煮ます。

②粘りが出て、米粒もふっくらしてきたら、洗って水けをきったグリンピースを入れて、さらに10分くらい煮ます。

押し麦のトロトロおかゆ

大麦羹粥《ダーマイゲンジョウ》

押し麦は胃腸に優しく、産婦に向く食品です。ミキサーは簡単ですが、すり鉢ですりつぶすこともできます。とろっとして食べやすいおかゆです。好みですりごまを添えます。

●材料と作り方(1人分)

押し麦……………1/3カップ
水……………2カップ
すりごま……………適宜

①押し麦は洗って水につけて20分おきます。水けをきってミキサーに入れ、水1カップも加えて、ペースト状にします。

②①を鍋に移し、水1カップを加えて、火にかけて沸騰させ、煮こぼさないようにかきまぜて15分くらい煮ます。

胃に

胃の調子が悪い、飲みすぎなどで胃が疲れているようなときには、やはりおかゆがいちばんです。

日常的におかゆを食べている北京の人も、胃の調子が悪いときには、ここにあげるようなおかゆを、心がけて食べるようにします。

症状によって水の量はかげんします。

ういきょうのおかゆ

茴香粥《ホイシアンジォウ》

ういきょうの効果は、胃酸を抑えると言われ、胸やけのときなどによく食べます。

●材料と作り方(2人分)

米……………………½カップ
ういきょうの実…………大さじ1
水………………………4カップ

①米を洗い、水けをきって土鍋に入れ、水4カップを注ぎます。中火にかけ、沸騰させながら、鍋底につかないようにかきまぜ、弱火にして蓋をして、40分くらい煮ます。

②ういきょうの実はからいりして、すり鉢で軽くつぶし、①に加えて、さらに10分くらい煮ます。香りが立って、米粒も開いたらでき上がりです。

こしょうのおかゆ

胡椒粥《ホージアオジォウ》

こしょうには胃をあたためる効果があります。こしょうの刺激で胃の血液循環がよくなり、調子がよくなります。

●材料と作り方(2人分)

米……………………$\frac{1}{3}$カップ
長ねぎ(白い部分)……………10㎝
黒粒こしょう………………15粒
水……………………4カップ

①米は洗って水けを切り、土鍋に入れて水を注ぎます。
②長ねぎは薄切りにして①に加えます。中火にかけ、沸騰させながら鍋底につかないようにまぜ、沸騰したら弱火にして、蓋をして40分くらい煮ます。
③こしょうはからいりして、すり鉢であらくつぶします。②に入れてさらに10分煮ます。

じゃがいものおかゆ

土豆粥《トゥードウジォウ》

慢性胃炎などの人にはよく食べさせます。はちみつを入れて甘くすることもあります。

●材料と作り方(2人分)

米……………………$\frac{1}{3}$カップ
じゃがいも…………………1個
水……………………4カップ

①米を洗って、水けをきって土鍋に入れます。
②じゃがいもは洗って皮をむき、小さめの乱切りにして鍋に加え、水を注いで中火にかけます。沸騰させながら鍋底につかないようにまぜて、沸騰したら弱火にして、蓋をして1時間くらい煮ます。
③じゃがいもがとけて、米粒も開いて粘りもほどよく出たらでき上がりです。

おかゆのつけ合わせおかず

おかゆには、「ちょっとなにか」があると、おかゆがいっそう進みます。味がはっきりしているもの、香りがあるもの、色がきれいなもの、栄養があるものなどを添えましょう。

これからご紹介するトッピングやつけ合わせ、漬け物を参考にしてみてください。

　あわせて、おかゆのページのおかずの作り方ものせました。

おかゆのトッピング

北京式おかゆのトッピングは多彩です。なかにはバターやジャムのように、こんなものを？ といったものもありますが、北京ではそう珍しいことではありません。パンに塗るものでも、ご飯の箸休めになるものでも、要は栄養や口当たりがよければ、すべてはトッピングになるのです。

北京では、トッピングはふつう市販品で間に合わせます。

ここではそんな北京的な考え方で、日本でも手に入りやすいもの

103 おかゆのトッピング

をいくつか選んでみました。また、これ以外にも、楽しいアイデアはたくさんあると思います。なんでもトッピング、といった軽い気持ちでお試しください。

①はちみつ
②かつお節のふりかけ
③さくらえびの揚げたもの
④じゃこの揚げたもの
⑤刻みのり
⑥つくだ煮
⑦ピーナッツバター
⑧いちごジャム
⑨ドライフルーツ／あんず、なつめ、干しぶどう
⑩氷砂糖
⑪バター
⑫すりごまにあら塩を混ぜた手製のごま塩
⑬香菜
⑭ドライ納豆
⑮炒りごまと黒砂糖
⑯ドライブルーベリー
⑰きな粉とかぼちゃの種を混ぜたもの
⑱とろろこんぶ
⑲ごまペースト

おかゆのつけ合わせ

トッピングとおかずの中間に位置する、おかゆが進む小さなおかずを集めました。腐乳と梅干し以外は、市販品の材料にちょっと手を加えたものばかりです。

おかゆといっしょに食べるおかずは、小さく切ると食べやすくなります。

北京ではこうしたおかゆのおかずには、かならず油を少し加えるか、油ものを一品加えるようにします。そのほうが胃に優しいと言われます。

①白腐乳《パイフールー》②辣腐乳《ラーフールー》③紅腐乳《ホンフールー》

腐乳は豆腐を発酵させて塩漬けにしたもの。白腐乳はベーシックな味、紅腐乳は紅酵母で発酵させたもので、コクがあります。辣腐乳は唐がらしで辛みをつけてあり、食欲を増進させます。

④皮蛋《ピータン》

皮蛋の殻をむき、縦半分に切ってから乱切りにし、みじん切りのしょうが、しょうゆ、ごま油であえます。

⑤シェンダン（作り方116ページ）

⑥ねぎみそ

ごま油大さじ1を熱し、長ねぎ10cmのみじん切りをよく炒め、みそ50g、酒大さじ1、砂糖小さじ1を加えて水分がなくなるまで炒めます。

⑦揚げナッツ

くるみ、ピーナッツ、松の実などの油分を含んだナッツを少量の油でさっと揚げ、塩をふります。

⑧ハム、ソーセージの炒め物

ハム、ソーセージを小さく切ってサラダ油で炒め、万能ねぎを2cmに切って加え、こしょうをふります。

⑨梅干し

⑩つくだ煮

市販のいわしや小魚のつくだ煮を、ごま油であえるように炒めます。

105 おかゆのつけ合わせ

おかゆに合う漬け物

穀物食のおかゆと発酵食品の漬け物は、ともに人間の知恵が生み出した食べ物で、そのせいか相性がとてもいいように思います。

漬け物は小さく刻むと、おかゆといっしょに食べやすくなります。ですから古漬けやみそ漬けなどのようにしっかり漬かっていて、小さく切っても歯ごたえと味が残るようなものが適します。

ここでは市販の漬け物に、少量の油を加えるなどして、おかゆに合う漬け物にアレンジしてみました。ひと味違った漬け物の味を、お楽しみください。

①ゆで卵と榨菜のあえ物
薄切りの榨菜、せん切りのしょうが、ごま油少量を混ぜ、縦四等分に切ったゆで卵とともに盛ります。

②古漬けと松の実のあえ物
なすときゅうりの古漬けは、縦半分に切って小口切りにします。松の実を少量フライパンでからいりしてすり鉢でつぶし、漬け物を加えてごま油、しょうゆ少々であえます。

③たくあんの花椒あえ
市販の刻みたくあんと1cmに切った万能ねぎに、熱して花椒で香りづけをしたサラダ油をかけ回します。

④ぬか漬けのあえ物
ぬか漬けのなす、きゅうりと奈良漬を薄切りにし、薄切りのみょうが、ごま油、しょうゆ少々であえます。

⑤高菜のごままぶし
細かく切った高菜の漬け物に、たっぷりの炒りごまを混ぜます。

⑥榨菜と香菜のあえ物
榨菜はせん切りにして軽く塩抜きをし、刻んだ香菜、ごま油とあえます。

④
②
⑤
⑥

北京の漬け物屋

●北京的粥事情●

数ある北京の老舗の漬け物屋さんのなかでも、前門外にある六必《リウビー》居《ジュー》はいちばんの有名店です。

前門外は東京でいえば浅草のようなところ、その中心の横町をちょっと入ると、看板が目に入ります。創業は明代後期と言われ、四百年もの間北京の庶民に愛されてきました。

店内はそれほど広くありません。土間の突き当たりの壁面に沿ってかめが並び、中にはさまざまな漬け物が積まれています。その数はおよそ五、六十はあるでしょうか。その上には、見やすいように鏡が張りめぐらされています。

元来は発酵食品のみそやしょうゆの店でした。ですから漬け物で多いのはみそ漬けやしょうゆ漬けです。なかでも小麦を原料にした甘みその漬け物は、色の濃いわりには塩からくなく、自然の甘みが生きたおいしさです。材料は大根、うりなどの野菜が中心ですが、こんぶや魚介類も人気があります。

穀物をやわらかく煮たおかゆと、発酵食品の漬け物のとり合わせは、味と健康の両面ですぐれています。それが六必居の人気を長い間支えてきた秘密なのでしょう。

①大頭菜の辛み漬け
②大根のみそ漬け
③せん切り大根のしょうゆ漬け
④長とうがらしのしょうゆ漬け
⑤うりのしょうゆ漬け
⑥あんずの種の塩漬け
⑦大頭菜の甘みそ漬け
⑧しょうがの茎のしょうゆ漬け
⑨ちょろぎのみそ漬け
⑩にんにくの甘酢漬け
⑪きゅうりの辛み漬け
⑫八宝漬け
⑬きゅうりとピーナッツの甘みそ漬け
⑭きゅうりのとうがらし漬け
⑮とうがらしのしょうゆ漬け
大頭菜はからし菜の変種の根菜。

①
②
③
④
⑤
⑥
⑦
⑧
⑨
⑩
⑪
⑫
⑬
⑭
⑮

おかずの作り方（4人分）

●22ページ

牛肉の四川《しせん》炒め

●材料と作り方

牛もも肉（鉄板焼き用）……300g
にんにくの芽……3本
長ねぎ……10cm
しょうが……10g
花椒《ホアジアオ》……50粒
粉とうがらし……大さじ1
紹興酒または酒　サラダ油　しょうゆ

①牛肉は縦に細切りにします。紹興酒大さじ2をかけて、軽くもみます。

②にんにくの芽は、香りが出るように包丁の側面でたたいてから、5cm長さに切ります。長ねぎは5cm長さのせん切りにしておきます。しょうがもせん切りにしておきます。

③花椒はからいりして、すり鉢でつぶします。

④炒め鍋にサラダ油大さじ3を熱し、牛肉を入れて、水分がなくなるまでしっかり炒めます。

⑤分量の粉とうがらしと、しょうゆ大さじ3を入れて肉にからめます。ねぎ、しょうが、にんにくの芽も加えて、さっと炒め合わせ、花椒を振ります。

●とうがらしの量は好みでかげんしてください。

●27ページ

牛肉とパパイヤのあえ物

●材料と作り方

牛しゃぶしゃぶ肉……300g
赤ピーマン……1個
パパイヤ……1/2個
香菜……2本
粉とうがらし（一味）……大さじ1
しょうゆ　酒　砂糖　塩　ごま油

①牛しゃぶしゃぶ肉はさっとゆでて冷水にさらし、水けを手でしぼってきります。

②赤ピーマンは種をとり横せん切りに、パパイヤは薄切りにしておきます。香菜は5cmに切ります。

③①と②を合わせ、しょうゆと酒各大さじ1、砂糖小さじ1、塩小さじ1/3をまぜて味をつけます。

④炒め鍋にごま油大さじ2を入れて、粉とうがらしを入れて香りが出たら、②にかけ回します。

●とうがらしの量は好みでかげんしてください。

●33ページ

卵とねぎの炒め物

手早くできるおかずです。

●材料と作り方

卵……4個
ねぎ……1本
塩　サラダ油

①卵を溶いて、塩小さじ$\frac{1}{3}$を加えます。
②ねぎは斜め薄切りにして、①に合わせます。
③炒め鍋にサラダ油大さじ2を熱し、②を入れて中心から大きくまぜて炒めます。半熟になってきたら、裏返し、ほどよい大きさに分けてまとめます。

●37ページ

いかと野菜のせん切り炒め

●材料と作り方

いかの胴……1ぱい分
えのきだけ……1袋
青ピーマン（せん切り）……2個
赤ピーマン（せん切り）……2個
しょうが（みじん切り）……10g
にんにく（みじん切り）……1かけ
豆板醤……大さじ$\frac{1}{2}$
しょうゆ……大さじ$\frac{1}{2}$
オイスターソース……大さじ$\frac{1}{2}$
サラダ油

①いかは皮をむき、せん切りにして、熱湯でさっとゆでます。
②えのきだけは石づきをとります。
③炒め鍋にサラダ油大さじ2を熱し、しょうが、にんにくを入れて中火で炒め、豆板醤も加えて香りを出したら、強火にしてえのきだけ、ピーマンも加えてさっと炒め、①も加えて炒め合わせます。しょうゆとオイスターソースで調味して仕上げます。

●38ページ

もやしとにんじんの塩炒め

●材料と作り方

もやし……1袋
にんじん……1/2本
花椒《ホアジアオ》……10粒
サラダ油　塩　酒

①もやしは根と芽をとって、水で洗って水けをきります。にんじんは皮をむいてせん切りにします。②炒め鍋にサラダ油大さじ1 1/2を熱し、花椒を入れて香りが出たら①を入れて手早く炒めます。油がなじんだら、塩小さじ1/3を振り、酒大さじ1も加えて、もう一息手早く炒めて仕上げて器に盛ります。

●38ページ

菜の花の炒め物

●材料と作り方

菜の花……2束
A
- オイスターソース…大さじ1/2
- しょうゆ……大さじ1/2
- 酢……小さじ1
- かたくり粉……大さじ1/2
- 酒……大さじ1

にんにく……1かけ
ごま油　サラダ油

①菜の花は、ゆでて水けをかたくしぼっておきます。
②Aの調味料を合わせます。
③炒め鍋にごま油とサラダ油各大さじ1を入れて熱し、たたいたにんにくも入れ、香りが出たら①を加えて、手早く油をなじませます。②を加えて調味しながら、とろみもつけます。

●38ページ

豚ヒレ肉の炒め物

●材料と作り方

豚ヒレ肉……………300g
しょうが汁…………小さじ1
榨菜…………………30g
長ねぎ………………10cm
かたくり粉…………大さじ1
酒　しょうゆ　サラダ油

①榨菜はせん切りに、長ねぎは斜め切りにします。
②豚肉は薄切りにして、しょうが汁と、酒、しょうゆ各大さじ1で下味をつけ、かたくり粉も振り、まぶして20分おきます。
③炒め鍋にサラダ油大さじ3を熱し、②を入れて炒めます。肉の色が変わったら、榨菜を加えて炒め、長ねぎも加え、さっと炒め合わせて仕上げます。

●42ページ

たいのおさしみ中国風

●材料と作り方

たい（さしみ用）……200g
おろしわさび………小さじ1
焼きのり……………適宜
生わかめ……………適宜
しょうゆ　ごま油

①たいは大きめのさしみに切ります。
②①にわさびを入れ、しょうゆ大さじ1/2、ごま油大さじ1を振ってまぜ、手でちぎったのり、適宜に切ったわかめも合わせて、さっとまぜます。

●46ページ

うなぎとにらの炒め物

●材料と作り方

うなぎのかば焼き……1尾分
にら……1束
粉とうがらし……大さじ$\frac{1}{2}$
サラダ油　しょうゆ　酒

①うなぎは片身ずつに切り離し、2cm長さに切ります。にらは5cm長さに切ります。

②炒め鍋にサラダ油大さじ1を中火で熱し、粉とうがらしを炒めて香りと辛みを出します。

③しょうゆ大さじ1$\frac{1}{2}$を加え、香りが出たらにらを入れて、調味料をからめるようにさっと炒めます。

④①を加え手早く炒め合わせ、酒大さじ1を加えます。うなぎにも調味料がしっかりなじんだら、火を止め、器にとります。

●49ページ

鶏のから揚げのあえ物

揚げたてをさらにおいしく。

●材料と作り方

鶏もも肉……2枚
A｛しょうが汁……大さじ$\frac{1}{2}$
　しょうゆ……大さじ$\frac{1}{2}$
　酒……大さじ1
かたくり粉……大さじ3
B｛しょうゆ……大さじ1$\frac{1}{2}$
　酢……大さじ$\frac{1}{2}$
　豆板醤……大さじ$\frac{1}{2}$
　砂糖……大さじ$\frac{1}{2}$
　ごま油……大さじ1
長ねぎ……10cm
セロリ……1本
揚げ油

①鶏肉は1.5cm幅に切り、Aを振って下味をつけます。10分おいてかたくり粉をまぶします。

②揚げ油を熱し、①を中温でからっとするまで揚げます。

③長ねぎは5cmに切って四つ割り、セロリは斜め薄切りにします。

④②と③を合わせ、よくまぜ合わせたBをかけます。

11.30

●50ページ

シェンダン（塩卵）

中国のおかゆの定番おかずのひとつです。家庭でもよく作ります。北京ではあひるの卵ですが、東京では見つからないので、鶏の卵を使います。

●材料と作り方

A
- 水……1ℓ
- 塩……80g
- 花椒《ホアジアオ》……80粒
- 八角……2個
- 桂皮……5g

卵……10個
うずら卵……適宜

①鍋にAのすべての材料を入れて火にかけ、沸騰したら火を止めて、自然に冷まします。
②卵はきれいに洗って、ふきます。
③①を1.5〜2ℓ容量の清潔なガラス瓶かほうろうの蓋つき容器に入れ、②にネームペンなどで日付を書いて入れます。
④冷蔵庫で2週間漬けたら、普通のかたゆで卵を作るようゆでます。
●卵は順次加えます。うずら卵は3〜4日で漬かります。
●漬け汁は塩を足して煮立てれば再び使用できます。（写真は約半量）

●50ページ

さやえんどうの炒め物

●材料と作り方

さやえんどう……300g
しょうが（せん切り）……5g
サラダ油　塩　こしょう

①さやえんどうは筋をとって洗い、水けをきります。
②炒め鍋にサラダ油大さじ2を熱して、しょうがを炒めます。香りが立ったらさやえんどうを加え、火を弱めてじっくり炒め、塩小さじ1/3で調味してなお炒め、こしょうを振って仕上げます。

●54ページ

たこのサラダ

●材料と作り方

たこ（さしみ用）……150g
トマト……2個
搾菜……50g
A しょうゆ……大さじ$\frac{1}{2}$
A しょうが汁……大さじ$\frac{1}{2}$
A ごま油……大さじ1

①トマトは湯むきにして皮をとり、乱切りにします。
②搾菜は薄切りにして、水で軽く塩抜きしておきます。
③たこは薄切りにします。
④①～③を合わせ、Aを順に加えて調味して、器に盛ります。

●59ページ

えびと卵のシンプル炒め

●材料と作り方

むきえび（小）……150g
卵……2個
細ねぎ……6本
重曹……小さじ$\frac{1}{2}$
酒　かたくり粉　塩　サラダ油

①むきえびは背わたが残っていたら抜き、重曹をまぶして5分ほどおいてから手早く洗って水けをふきとります。酒大さじ$\frac{1}{2}$をからめ、かたくり粉小さじ1をまぶしておきます。
②卵を割りほぐし、塩小さじ$\frac{1}{3}$をまぜます。
③細ねぎは3cm長さに切ります。
④炒め鍋を熱し、サラダ油大さじ1$\frac{1}{2}$をなじませて強火にし、えびを入れて色が赤く変わるまで炒めます。
⑤卵を一度に流し入れ、周囲がプクプクしてきたら底からかきまぜてえびにからめるように炒め、最後に細ねぎを加えてさっと炒め合わせます。

●60ページ

お煮しめ

●材料と作り方

- 干ししいたけ……4個
- こんにゃく……1枚
- れんこん……150g
- にんじん……1本
- ゆでたけのこ……150g
- 厚揚げ……1枚
- A
  - 砂糖……大さじ$\frac{1}{2}$
  - 塩……小さじ$\frac{1}{3}$
  - 酒……大さじ2
  - しょうゆ……大さじ2
  - 水……$\frac{1}{2}$カップ
- ごま油

①干ししいたけは水にひたしてもどし、半分に切ります。

②こんにゃくは7㎜厚さに切って縦中央に切れ目を入れ、一方の端を切り目に通して結び形にします。水から入れて2〜3分ゆでます。

③れんこんとにんじんは皮をむいて一口大の乱切りにし、れんこんは水に5分ほどさらします。たけのこも乱切りにします。

④厚揚げも一口大に切ります。

⑤炒め鍋にごま油大さじ3を熱して、①〜④を全部入れて炒め、Aを加えます。煮立ったら蓋をして弱火にして30分ほど煮ます。

⑥蓋をはずして強火にし、汁を全体にからめます。

●62ページ

紅白のあえ物

●材料と作り方

- れんこん……150g
- 白きくらげ(乾物)……10g
- にんじん……1本
- 柿(生)……1個
- 酢　塩　ごま油

①れんこんは皮をむいて薄切りにします。白きくらげは水につけてもどします。にんじんの皮をむいて、スライサーでせん切りにします。柿は皮をむいて薄切りにします。

②鍋に湯をたっぷり沸かし、沸騰したら、白きくらげを入れてさっとゆで、冷水にさらして水けをよくきります。次に同じ湯でにんじんもさっとゆでて、冷水で冷まして水けをきります。同じ湯に酢大さじ3を加えて、れんこんを入れ、5分くらい煮て、冷水で冷まして水けをきっておきます。

③②の材料と柿を合わせて、塩小さじ$\frac{1}{3}$を振ってまぜ、ごま油を振って器に盛ります。

●62ページ

えびだんごのチリソース

●材料と作り方

大正えび……8本
むきえび……150g
A
- しょうが(みじん切り)…10g
- にんにく(みじん切り)1かけ
- 玉ねぎ(みじん切り)…1/2個

トマト……2個
豆板醤……大さじ1/2
オイスターソース……小さじ1
重曹……少々
酒　かたくり粉　油　揚げ油

①大正えびは殻をむいて1cmのぶつ切りにします。むきえびは背わたをとり、重曹を振って5分おいてから水洗いして水けをきります。
②むきえびを包丁でたたいてすり身にします。大正えびと合わせ、酒大さじ1、かたくり粉大さじ2も合わせまぜ、直径4cm、厚さ1.5cmの平たいだんごに形づくります。
③トマトは湯むきして、種もとり、ざく切りにします。
④炒め鍋に油大さじ2を熱し、Aの香味野菜を入れて炒め、香りを出します。次に豆板醤を入れ、香りが出たらトマトを加えて煮込みます。
⑤揚げ油を160度に熱して、②のえびだんごを揚げます。
⑥④のトマトの酸味と甘みがほどよく引き立ち、少し煮つまったら、⑤を入れ、オイスターソースで調味して仕上げます。

●62ページ

野沢菜と大豆のピリ辛炒め

●材料と作り方

野沢菜漬け……250g
ゆで大豆(カン詰め)……1個
しょうが(みじん切り)……5g
とうがらしあらびき……大さじ1
ごま油　酒

①野沢菜は水けをきって、こまかく刻みます。
②炒め鍋にごま油大さじ2を熱し、しょうがを入れて香りを出し、とうがらしも加えてさらに香りを出します。野沢菜と大豆を加え炒めて、最後に酒大さじ1を振ります。
●とうがらしの量は好みでかげんしてください。

●62ページ

牛すね肉の薬味だれ

●材料と作り方

牛すね肉……600g
長ねぎ……1/2本
しょうが……50g
八角……1個
紹興酒（または酒）……大さじ4
香菜……適宜
しょうゆ　砂糖　酢

①牛すね肉を鍋に入れて、かぶるくらいの水を注ぎます。火にかけて、沸騰して3分くらい強火でアクを出します。湯を捨て、肉や鍋についたアクを流水できれいに洗い落とします。

②①の鍋に水1ℓを注ぎ、半分に切った長ねぎ、薄切りしょうが、八角、紹興酒大さじ2を加え、1時間30分くらい煮ます。

③炒め鍋にしょうゆ大さじ4、紹興酒大さじ2、砂糖大さじ1、酢小さじ1を入れて火にかけます。牛肉を②の鍋からとりだして入れ、中火で転がしながら味をしみ込ませます。

④薄切りにして皿に盛り、③のたれをかけ、香菜を刻んで振ります。

●62ページ

豆苗の炒め物

●材料と作り方

豆苗……200g
サラダ油　塩　酒

①豆苗はきれいに洗い、水けをよくきります。

②炒め鍋に油大さじ2を熱し、豆苗を一気に入れて手早くササッと炒めます。

③豆苗の色が鮮やかになって、全体に油がなじんだら、塩小さじ1/3、酒大さじ1を振って、手早くまぜて仕上げます。

●62ページ

くるみのデザート

中国風のプディング。あたたかくても冷たくしてもよい。

●材料と作り方

むきくるみ……………80g
卵…………………………1個
黒砂糖……………………40g
紹興酒…………………½カップ

①くるみはからいりして、皮をむき、すり鉢ですりつぶします。
②①に卵、黒砂糖、紹興酒を加え、よくまぜ、ボールか鉢に入れて、蒸し器で30分くらい蒸します。
③蒸し上がったら少し落ち着かせて、鉢からすくいどりします。

●産婦さん向きにはもう少しゆるめに、飲むくらいのかたさに蒸します。

●64ページ

ゆで鶏と九条ねぎのあえ物

●材料と作り方

鶏もも肉………………2枚
しょうが………………1かけ
花椒《ホアジアオ》…………………10粒
九条ねぎ(細ねぎ)……3本
A しょうゆ…………大さじ2
　紹興酒……………大さじ1
　ごま油……………大さじ1
酒

①鍋に鶏肉とたっぷりの水を入れて火にかけ、アクが出たらゆで水を捨てます。鶏肉を水にとって洗い、鍋もきれいに洗います。
②鍋に水5カップ、鶏肉、薄切りにしたしょうが、花椒、酒大さじ2を合わせて火にかけ、沸騰したら弱火にして蓋をして30分煮ます。鶏肉をスープに入れたまま、冷めるまでおきます。
③鶏肉を1cm厚さに切って器に盛り、ねぎを1cm幅に切って肉の上にのせ、Aをまぜてかけます。

●66ページ

かじきの炒め物

●材料と作り方

かじき……4切れ（300g）
しょうが……少々
香菜……適宜
酒　こしょう　かたくり粉
サラダ油　しょうゆ　酢　塩

①かじきは2cm厚さくらいのそぎ切りにし、酒大さじ1とこしょう少々を振り、かたくり粉大さじ1をまぶします。
②しょうがは薄切りにし、香菜は5cmに切ります。
③炒め鍋にサラダ油大さじ2を熱して、しょうがを炒め、よい香りが出たら、かじきを炒めます。1切れ1切れ返すように炒めて、全体に焼き色をつけます。
④しょうゆ大さじ2を振って炒め、酢小さじ1、塩ひとつまみも加えて、かじきにしっかり味がからまるまで炒めます。
⑤最後に香菜を散らしてひと炒めします。

●67ページ

牛肉のそぼろ

●材料と作り方

牛ひき肉（赤身90%）……300g
しょうが（みじん切り）……10g
A ｛砂糖……大さじ1
　 しょうゆ……大さじ2
　 紹興酒……大さじ2
サラダ油　ごま油

①鍋にサラダ油とごま油各大さじ1を合わせて熱し、牛ひき肉としょうがを入れ、手を早く動かして肉がポロポロにほぐれて火が通るまで炒めます。
②Aを加えて、さらに炒めます。汁けがとんで油がもどってきたくらいの感じになればでき上がりです。

●ロウビンのA(皮)の作り方

①ボールに薄力粉を入れ、ぬるま湯を3回に分け入れて箸でよく混ぜ、粉っぽさがなくなったら打ち粉をふった麺台に取りだします。

②生地を軽くこねてからめん棒で縦20cm、横30cmぐらいにのばし、Bを広げてのせ、端から巻きます。

③巻きおわりを指でつまんでつけて、閉じます。

④中央を切って二つに分け、切り口も指でつまんで閉じます。

⑤④を縦に持ち、両端を手のひらでおさえつけるようにして持ち、1回転ほどねじりながらつぶします。もう一つも同じようにつぶします。

⑥⑤を麺台でのばします。中身が皮から多少はみだしても、あまり気にする必要はありません。

⑦フライパンを熱して油をひき、両面をなんども返しながらこんがり焼きます。

●84ページ

ロウビン
肉餅

●材料と作り方

A（皮）
- 薄力粉……200g
- ぬるま湯……140cc

B（中身）
- 豚バラ薄切り肉……300g
- しょうが……10g
- ねぎ……10g
- 酒……大さじ2
- しょうゆ……大さじ2
- オイスターソース大さじ$\frac{1}{2}$
- ごま油……大さじ$\frac{1}{2}$

●B（中身）の作り方

豚バラ薄切り肉はこまかく刻んでボールに入れ、酒、みじん切りにしたしょうが、ねぎを入れて混ぜ、しょうゆ、オイスターソースで味をつけてごま油を加え、さらに混ぜます。

●84ページ

小えびとブロッコリーの炒め物

●材料と作り方

- むきえび……80g
- ブロッコリー……1個
- 里いも……2個
- しょうが（薄切り）……10g
- 重曹……少々
- 酢　酒　ごま油　かたくり粉
- しょうゆ　塩

①ブロッコリーは小房に分けて、さっとゆでて、水けをきります。里いもは皮をむいて薄めの乱切りにして、ブロッコリーの湯に酢大さじ2を加えた中に入れます。里いもが透明になって、なお3分くらいゆでて、冷水にさらします。

②むきえびは背わたをとって、重曹を振り、5分おいたら洗って水けをきり、酒大さじ$\frac{1}{2}$を振っておきます。

③炒め鍋にごま油大さじ2を熱してしょうがを入れ、香りが出たら、えびにかたくり粉小さじ1をまぶして入れます。えびがピンク色になったら、ブロッコリーと里いもも加えてさっと炒め、しょうゆ大さじ1、塩少々で調味します。

おかず材料別一覧

(項目内五十音順・前の数字は掲載おかゆのページ、後の数字が作り方ページです)

肉

卵

魚介

野菜

その他

雑穀を通販できるお店リスト

店や時期により取り扱い・在庫のない場合もあります。ファックス又は電話でお問い合わせください。
※2000年2月編集部調べ

㈱富澤商店／TEL 042-776-6488／FAX 042-776-6478
〒194-0013　東京都町田市原町田4-4-6（販売店）10:00～19:00　年中無休
〒229-0003　神奈川県相模原市東淵辺4-26-9（配送センター）
9:00～17:00　日祝休
穀類各種取りそろえています。

GAIA（ガイア）／TEL 03-3294-5154／FAX 03-5280-2330
〒101-0062　東京都千代田区神田駿河台3-3-13
平日11:00～19:30　日祝　12:00～19:00　第3日曜休
取扱商品カタログ希望の方は140円切手を同封のうえ上記までお送りください。

古閑産業合資会社／TEL 096-344-2286／FAX 096-345-1026
〒861-1102　熊本県菊池郡西合志町須屋字西谷676-4　9:00～17:00　土日休
赤米、紫米、コーンあらびき粉は別途取り寄せとなります。

自然食品ショップ84（ハシ）／TEL 019-641-2058／FAX 019-641-4863
〒020-0122　岩手県盛岡市みたけ2丁目10-12　9:30～18:00　日休
押し麦、あわ、きび、ひえ、はとむぎなど。
赤米、そばごめは別途取り寄せとなります。

ヘルシーナチュラルフーズ キャロット／TEL 06-6771-2455／FAX 06-6771-5972
〒543-0001　大阪市天王寺区上本町7丁目2-1　10:00～20:00　年中無休
紫米、押し麦、あわ、きび、ひえ、はとむぎなど。

㈱相馬屋／TEL 0246-42-4788／FAX 0246-43-2948
〒972-8311　福島県いわき市常磐水野谷町亀ノ尾134-7　9:00～18:00　日祝休
赤米、紫米、押し麦、あわ、きび、ひえなど。

○自然食品・健康食品店で取り扱う場合もあります。
○玄米、もち米は米穀店で取り扱っています。
○オートミール、コーンは百貨店、大手スーパー、食品店でほぼ取り扱っています。
○はとむぎは漢方薬局で大体取り扱っています。
○お近くのお店をお探しの場合は、イエローページに掲載されている「穀物商」の項目や、各市町村の商工課・産業課、農協などにお問い合わせください。

穀類別おかゆ索引 (付・豆類の入ったおかゆ) (項目内五十音順)

米(うるち白米)

玄米

もち米

赤米、紫米

大麦(押し麦)

燕麦(オートミール)

あわ

きび

ひえ

コーン(あらびき、半割り)

はとむぎ

そばごめ

豆類の入ったおかゆ

(あずき、うずら豆、グリンピース(乾)、黒豆、白いんげん、大豆、花豆、緑豆)

扉題字　呉高任
撮影　林忠
デザイン　林忠・高橋好子
料理制作アシスト　高橋好子
編集協力　松本紀子・井深倭子
校正　兼子信子
編集担当　冬木麻依子（高橋書店）
北京取材コーディネート　杜育芝
プリンティングディレクター
小保方光男（凸版印刷TANC）
DTP制作　凸版印刷TANC
構成・プロデュース　林忠

北京のやさしいおかゆ

発行　二〇〇〇年四月二〇日　第一刷

著者　ウー・ウェン

発行人　高橋秀雄
編集人　大久保孝
発行所　株式会社高橋書店
住所　〒一一二―〇〇一三
東京都文京区音羽一―二二―一三
電話　〇三―三九四三―四五二五（代表）
〇三―三九四三―四五二九（編集）
振替　〇〇一一〇―〇―三五〇六五〇
印刷・製本　凸版印刷株式会社

本書の内容を許可なく転載することを禁じます。
落丁・乱丁本は送料当社負担でお取り替え致します。
高橋書店制作部までお送りください。
定価はカバーに表示してあります。
©Wu Wen 2000, Printed in Japan

ISBN4-471-40001-0 C2077